Developing Power

爆发力训练全书

人邮体育 主编
闫琪 编著

人民邮电出版社
北京

图书在版编目（CIP）数据

爆发力训练全书 / 人邮体育主编 ; 闫琪编著. --
北京 : 人民邮电出版社, 2023.3
ISBN 978-7-115-59639-0

Ⅰ. ①爆… Ⅱ. ①人… ②闫… Ⅲ. ①爆发力－运动
训练 Ⅳ. ①G808.14

中国版本图书馆CIP数据核字(2022)第191276号

免责声明

本书内容旨在为大众提供有用的信息。所有材料（包括文本、图形和图像）仅供参考，不能用于对特定疾病或症状的医疗诊断、建议或治疗。所有读者在针对任何一般性或特定的健康问题开始某项锻炼之前，均应向专业的医疗保健机构或医生进行咨询。作者和出版商都已尽可能确保本书技术上的准确性以及合理性，且并不特别推崇任何治疗方法、方案、建议或本书中的其他信息，并特别声明，不会承担由于使用本出版物中的材料而遭受的任何损伤所直接或间接产生的与个人或团体相关的一切责任、损失或风险。

内 容 提 要

爆发力影响运动表现，提高爆发力水平是专业运动员、专项运动练习者、健身爱好者的基本诉求。本书由国家体育总局体育科学研究所研究员闫琪博士编著，为读者提供了关于爆发力训练的全面指导。全书分为三个章节，详细阐述了什么是爆发力、影响爆发力的因素、发展爆发力的生理学机制等基础理论知识，提供了发展上肢、下肢及全身爆发力的经典训练方法和37个运动专项的爆发力训练计划，能够帮助读者搭建全面、科学的爆发力训练体系，高效达成爆发力训练目标。本书适合体能教练、运动员及健身爱好者阅读。

◆ 主　　编　人邮体育
　编　　著　闫　琪
　责任编辑　裴　倩
　责任印制　马振武
◆ 人民邮电出版社出版发行　　北京市丰台区成寿寺路 11 号
　邮编　100164　　电子邮件　315@ptpress.com.cn
　网址　https://www.ptpress.com.cn
　廊坊市印艺阁数字科技有限公司印刷
◆ 开本：700×1000　1/16
　印张：20　　　　2023 年 3 月第 1 版
　字数：376 千字　　　　2025 年 1 月河北第 5 次印刷

定价：118.00 元

读者服务热线：(010) 81055296　印装质量热线：(010) 81055316
反盗版热线：(010) 81055315
广告经营许可证：京东市监广登字 20170147 号

在线视频访问说明

本书提供部分训练视频，您可以通过微信的“扫一扫”功能，扫描本页的二维码进行观看。

步骤 1

点击微信聊天界面右上角的“+”，弹出功能菜单（如图 1 所示）。

步骤 2

点击弹出的功能菜单上的“扫一扫”，进入该功能界面，扫描右侧的二维码。

步骤 3

如果您未关注“人邮体育”微信公众号，在第一次扫描后会出现“人邮体育”微信公众号的二维码（如图 2 所示）。关注“人邮体育”微信公众号之后，点击“资源详情”（如图 3 所示）即可观看视频。

如果您已经关注了“人邮体育”微信公众号，扫描后可以直接观看视频。

图 1

图 2

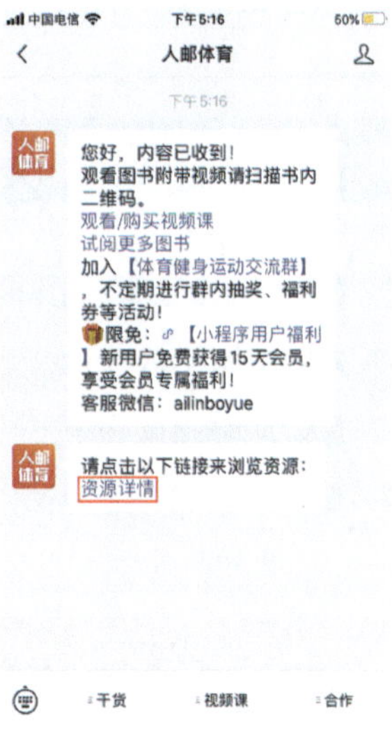

图 3

目录 CONTENTS

第 1 章
爆发力训练概述

爆发力的定义及影响因素

发展爆发力的生理学机制

运动爆发力的激活过程

发展爆发力的益处

爆发力评估

不同运动爆发力训练的特点

特殊人群爆发力训练的特点

01

1.1 爆发力的定义及影响因素

爆发力作为人体完成大多数运动项目所需的重要身体素质，是提升运动水平和提高运动成绩的重要因素。爆发力长期以来一直被人们所重视，它在运动中的作用甚至超过了绝对力量。爆发力并不是简单的力的产生过程，它是力与速度的组合。从生理学层面深入了解影响爆发力生成的各种因素，有助于我们制订科学且有针对性的爆发力训练计划，这对于发展爆发力、提高整个机体的运动水平有积极作用。

1.1.1 能量

我们都知道人体需要有持续不断的能量供应才能维持生命活动。我们可以把人体想象成一台机器，要想机器运转就需要给机器提供能量。那么人体的各种生命活动，甚至是肌肉做功，所需的能量来自哪里呢？

食物被我们吃进体内，在体内转化为蛋白质、碳水化合物和脂肪等营养素，它们所带来的能量存储在细胞中，并不能直接被人体利用，只有在细胞进一步分解或释放能量的过程中，它们才会转化为一种叫**三磷酸腺苷**（Adenosine Triphosphate，ATP）的高能化合物。而 **ATP** 水解时所释放的能量，才是人体最直接的能量来源。

ATP 水解时释放的能量可以支持机体细胞进行各种各样的活动，比如神经活动、肌肉收缩等。ATP 释放能量的同时会留下一个**二磷酸腺苷**（Adenosine Diphosphate，ADP，一种高能化合物，能够合成 ATP）分子。**ADP** 会再次利用机体内储存的未利用能量源与磷酸基团结合，合成 ATP，从而重新补充体内的 ATP，为机体持续提供能量。这就是**磷酸原供能系统**，它是产生新的 ATP 最快速的方式，也是短时间、高强度运动（比如具有爆发力的跳高、跳远、举重等运动）获取能量的最直接的方式。

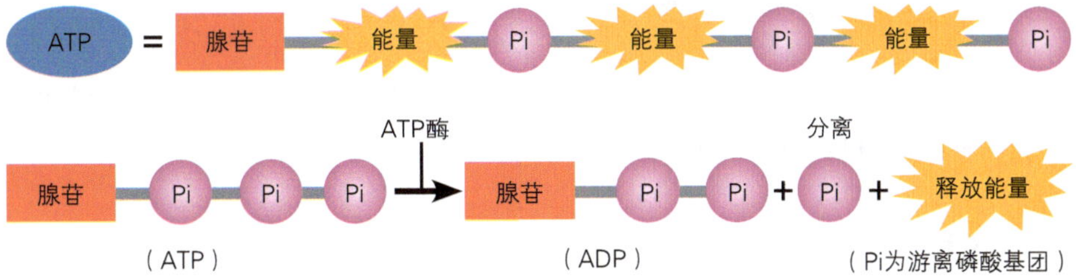

人体还可以通过其他方式来获得 ATP，比如无氧分解机体内所储存的**葡萄糖（糖酵解）**，或者进一步对糖酵解的最终产物**丙酮酸**进行有氧代谢，或者对**脂肪细胞**进行有氧代谢。这些方式都可以获取额外的 ATP，并为中等强度或长时间低强度的身体运动持续提供能量。

人体的各种运动都会伴随着不同供能系统的作用，但是运动强度、运动速度和运动时间不同，供能系统也会有所侧重。越是强度高、速度快的运动，就越依赖**磷酸原供能系统**；而随着运动强度的降低和运动时间的增加，机体会越来越依赖于有氧氧化系统所提供的 ATP。

1.1.2 力

我们所说的力一般被认为是人体肌肉进行大多数活动时所做的**功**，是肌肉为了将机体内的生物能量转化为机械能而做的**机械功**。

肌肉做功使身体产生运动（比如肌肉收缩），这是**内部做功**；肌肉通过内部做功使外部阻力得以克服（比如抬起重物），这是**外部做功**，也就是机械功。我们所说的爆发力就是肌肉所做的机械功的一种形式。

从分子层面来说，附着在骨骼肌细胞上的神经元的轴突末梢向肌肉细胞传递神经冲动，从而导致肌纤维中肌动蛋白与肌球蛋白的结合、滑动、分离，最终呈现出肌肉的收缩与放松过程，这一过程中产生了力。有研究表明，力的产生速率与做功的大小可以通过对肌肉的训练得以改善和控制，这也为我们提升机体输出力量的能力提供了可能性。

在动力学中，力等于物体的质量与加速度的积，也就是说在不同加速度、不同质量下，力所做的机械功是不同的。关于力的输出，我们还应该考虑到人体自身的加速度及是否附加器材等特殊因素。

1.1.3 位移和速度

爆发力的大小取决于输出力量的大小及动作速度的快慢，这就涉及位移和速度的问题。了解位移和速度，有助于我们进一步了解爆发力。

A 位移

位移指物体的位置变化。人体产生的各种运动，也是由肢体的位移带来的。至于肢体的位移，其动力来自肌肉收缩做功，也就是说肌肉系统也发生了位移，并最终转化为肢体的位移。肌肉不同程度的位移，表现为肌肉长度的变化，所带来的力的大小也不一样。

B 速度

速度表示的是物体运动的快慢，是运动所花费的时间与路程之间的关系。速度如果提升，再加上力量的提升，动作的爆发力就会更大。因此，提升速度是提升爆发力的关键因素。

1.1.4 功和功率

功，我们也称为机械功，它包含两个因素，一个是力，另一个是位移。当我们对物体施加力，使其产生位移时，那么力就做了功。

功的计算公式如下：

功 = **力** × **位移**

功率，即物体在单位时间内所做的功的多少。在功的大小一定的前提下，做功用的时间越短，做功速度就越快功率值就越大。

功率的计算公式如下：

功率 = **功** ÷ **时间**

功率 = **力** × **速度**

1.1.5 爆发力的定义

从物理学的角度来看，在力的大小一定的前提下，人体的做功速度越快，爆发力也越大，我们会将爆发力理解为**功率**。

爆发力的大小由**功**和**时间**决定。单位时间内，肌肉所做的功越大，爆发力越大。

爆发力也可以从另一角度来理解，即在短时间内肌肉克服阻力所能做出的最大的功。力和速度是它的重要因素，力越大，速度越快，并且力与速度结合得越好，爆发力就越大。

因此，力大、速度快的动作更能产生爆发力，如带有冲击性、半冲击性的深蹲跳、高翻等动作。但过快的速度也不一定产生好的爆发力，因为负重小，产生的力小，所以爆发力不大。

1.1.6 爆发力的重要性

对运动来说，爆发力很重要。在大部分运动中，好的爆发力会提升运动员的运动表现。跳跃类项目、投掷类项目、球类项目、短跑等运动，都会不同程度地用到身体各部位的爆发力。尤其是在专项运动技术日臻成熟完善的今天，运动员在熟练掌握技术的前提下，好的爆发力会提升其动作效率，从而使运动员更容易取得好成绩。

因此，提升爆发力是运动员训练的一个方向。爆发力的输出，是身体各系统综合作用的结果，如肌肉的活动、关节活动度、人体动力链的传递效率等，都会影响爆发力的大小。这些都要靠爆发力的训练来提升和完善。

1.1.7 最大爆发力

对于需要爆发力的运动项目，提升**最大爆发力**是提升运动表现的重要途径。在前面关于爆发力定义的论述中，我们知道爆发力的大小与力分不开。有研究表明，当动作力量的大小为最大力量的 15%~30%，且负重与自身体重相同时，能产生最大爆发力；而如果负重超过自身体重［(1.0~1.5）× 自身体重］（数据来源于《美国国家体能协会爆发力训练指南》），力量会达到峰值，爆发力与速度则会降低。深蹲跳动作是解释最大爆发力的理想动作，因为其负重为自身体重，且速度快，带有冲击性。

1.2 发展爆发力的生理学机制

在发展爆发力之前，我们需要先了解爆发力的生理学机制，进而探索爆发力提升的内在原因。这些生理学机制，主要表现在爆发力的自然增长、影响骨骼肌的各种因素及神经系统的调节与监控上。

1.2.1 爆发力的自然增长

爆发力是人体重要的身体素质之一，有自己的自然增长规律。在儿童青少年时期，**11~15 岁**是速度发展的敏感期，**12~18 岁**是力量发展的敏感期。伴随速度与力量的提升，爆发力也得到提升，女孩的爆发力素质敏感期往往要早于男孩。在 **23~25 岁**，人体爆发力的自然增长达到峰值，并开始逐渐衰退。如果我们要继续提升爆发力，就需要通过爆发力训练来实现。

1.2.2 影响骨骼肌的各种因素

A 肌肉的横截面积

肌肉横截面积的大小代表着肌纤维数量的多少，以及肌纤维是否粗壮。肥大的肌肉拥有更多的肌纤维，能产生更大的力，这是因为它运动时能募集到更多的运动单位。

在肌肉收缩做功的过程中，我们将基本的收缩单位称为**运动单位**。位于脊髓前角的 **α 运动神经元**会支配肌纤维进行收缩。一个 α 运动神经元连同它所支配的肌纤维，合起来就是一个运动单位。在一个运动单位内，肌纤维的数量有多有少，多的可以达到 100 多条，少的只有几条。肌肉做功时如果想产生更大的力，就需要激活更多的运动单位，因此横截面积越大的肌肉，收缩时产生的力越大。

B 肌纤维的类型

这里的肌纤维是指和肌肉活动有关的**骨骼肌纤维**。根据肌纤维收缩的特点及其新陈代谢的特点，可将肌纤维分为两种，即**慢肌纤维**与**快肌纤维**，它们分别又称为Ⅰ型纤维与Ⅱ型纤维。这两种肌纤维在运动中有各自的特色。慢肌纤维具有强氧化性，能保持长时间做功，可以为运动提供很好的耐力，但收缩能力弱，产生的力量小，因此慢肌纤维适应**耐力型**的运动，如长跑、竞走、马拉松等。快肌纤维有快速糖酵解功能，获取能量快，收缩能力强且收缩速度快，产生的力量大，有很好的爆发力，但它很容易疲劳，因此快肌纤维适应**爆发型**的运动，如短跑、投掷、棒球、排球等。

肌纤维的类型

	慢肌纤维	快肌纤维
别称	I型纤维	II型纤维
氧化能力	较强	一般
糖酵解能力	较弱	较强
收缩速度	较慢	较快
耐受疲劳能力	较强	较弱
适应的运动类型	 耐力型	 爆发型

不同的人，两种肌纤维的含量是不一样的。有些人的耐力很好，这是因为他体内的慢肌纤维比例较高；有些人的爆发力强，这是因为他体内的快肌纤维比例较高。这两种肌纤维的比例不会因为外力的干扰而发生改变，即便是用运动来干预。

在人体不同的肌肉中，两种肌纤维的含量也不一样。比如腹部肌肉中慢肌纤维所占比例较高，耐力好，适合用来维持人体的稳定性；而大腿肌肉中的快肌纤维含量高，爆发力强，适合奔跑、跳跃等需要大的力量和爆发力的动作。

虽然肌纤维的类型不能改变，但通过**肌肉训练**可以提升肌纤维的体积，促进肌肉的新陈代谢，从而起到增强力量的作用。

C 肌肉的长度

肌肉有自己的长度。肌肉的初始长度，即肌肉没有发生收缩时的长度，与力量的大小相关联。一般来说，在一定范围内，肌肉的初始长度越长，被拉长时产生的张力也就越大；缩短的距离越长，肌肉收缩时产生的力量也就越大。

D 运动单位的募集顺序

肌肉做功需要激活运动单位，使其参与运动，使肌肉产生收缩而做功。激活运动单位的这个过程就是**运动单位的募集**。

运动单位的募集顺序遵循**大小原则**。

运动单位所含的肌纤维数量是不同的：含肌纤维较少的运动单位在较小的神经刺激下就可以被激活，又叫低阈值运动单位，主要由慢肌纤维构成；含肌纤维较多的运动单位需要较大的神经刺激才可以被激活，又叫高阈值运动单位，主要由快肌纤维构成。

人体在运动时，会先激活含肌纤维较少的运动单位，即低阈值运动单位；然后随着对抗外力的需要，身体会逐渐激活更高阈值的运动单位。这个过程由低到高循序渐进地进行，根据抵抗阻力的需要来控制肌肉力量的生成，力量分级由此产生。需要注意的是，只有在低阈值运动单位经过充分的锻炼、体内糖原大幅度降低时，高阈值运动单位才会被募集。

E 核心肌群的力量传递效率

核心肌群主要是指位于腰腹部、骨盆、髋部的肌群，又叫作**腰椎－骨盆－髋关节复合体**（Lumbar-Pelvic-Hip Complex，**LPHC**）。它位于身体的中间部位，是身体动力链的传递中枢。核心肌群力量的强弱在很大程度上影响着人体力量的传递效率。比如棒球的掷球动作：来自下肢的力量传递至髋关节，髋关节旋转并发力，将这些力量传递至核心；力量再由核心向上传递至胸部，放大角速度（关节活动的速度），将力矩（带来关节活动的肌肉力量）和角速度转移到上肢，将球投掷出去。如果核心肌群的力量弱，缺乏稳定性和协调能力，那么来自下肢的力量就不能得到科学有效的传递，从而会降低力量传递效率，甚至会发生运动的代偿，带来运动损伤。

1.2.3 神经系统的调节与监控

神经系统对肌肉活动的调节与监控主要表现在对肌肉的保护机制上，如**高尔基腱器**的存在和**牵张反射**。

高尔基腱器分布在肌肉和肌腱的衔接处，又称为**神经腱梭**，它的作用是防止肌肉被过度拉伸或过度收缩。当肌肉被过度拉伸时，高尔基腱器会感受到来自肌腱的高压刺激，并向神经中枢传递信号，而后神经中枢会发出信号，让该肌肉的拮抗肌兴奋并收缩，从而达到阻止该肌肉和肌腱伸长的目的，避免肌肉被过度拉伸而损伤。同样，当肌肉过度收缩时，在高尔基腱器和神经中枢的调节下，也能阻止肌肉过度收缩，避免肌肉因过度收缩而损伤。

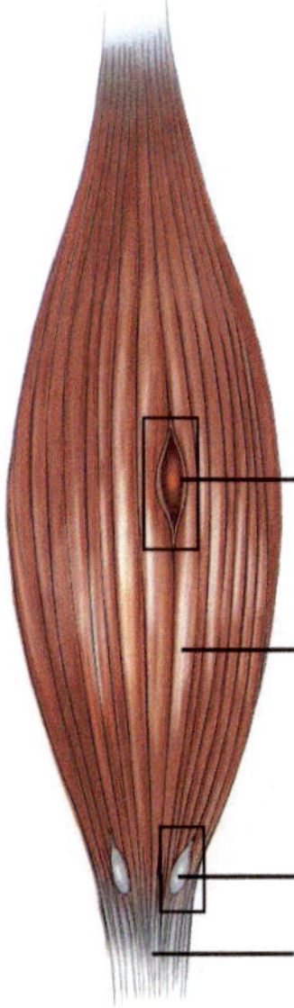

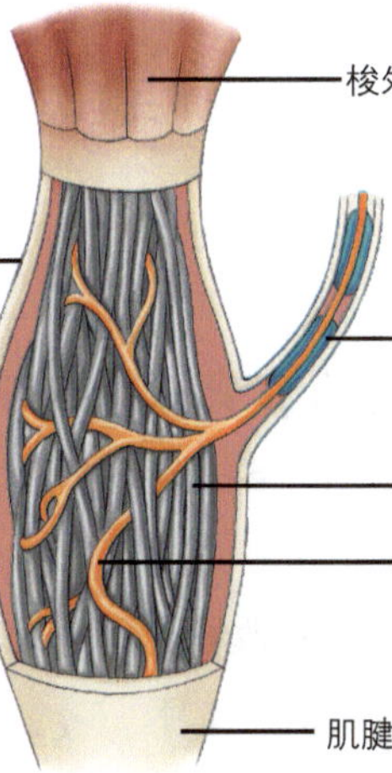

牵张反射是神经系统对骨骼肌的调控机制，是肌肉在被拉长时，在神经系统的调节下使肌肉收缩而避免被过度拉长的一种反射。骨骼肌内含有肌梭，它能感受肌肉长度的变化。当肌肉被拉长时，肌梭神经末梢的兴奋会传入脊髓，最终使肌肉收缩，避免被过度拉伸。

1.3 运动爆发力的激活过程

在运动中，如果想到达到好的爆发力，我们需要经过热身过程来激活。下面介绍热身。

1.3.1 热身

进行爆发力训练时，运动员身体应处于良好的状态，神经系统也要保持高度的**兴奋性**。因此，运动员需要在训练前进行充分的身体准备，将身体状态调整好，这样不仅可以提高训练时的动作质量，同时也可以减小发生运动损伤的风险。

爆发力训练前的身体准备时间一般在 **15~25** 分钟，比一般力量训练的热身时间稍长。身体准备一般包含以下几个环节：软组织梳理、动态拉伸、局部稳定性练习、动作整合和神经系统激活。

爆发力训练前的身体准备

软组织梳理主要是通过泡沫轴或筋膜球将身体中紧张的软组织梳理开，以提高软组织质量。

动态拉伸可以改善身体协调性和关节灵活性，主要侧重肩关节、胸椎、髋关节和踝关节的灵活性练习。

局部稳定性练习是针对运动中需要进行稳定控制的身体部位开展的练习，重点部位是肩胛胸壁关节、髋关节和核心区域。

动作整合是进行一些由身体多环节协同完成的练习，提升身体协调性和动作质量，为后面的爆发力训练做好准备。

因为爆发力训练需要良好的神经系统兴奋性，所以在身体准备的最后需要进行**神经系统激活**。神经系统激活一般会采用纵跳、药球下砸等简单的爆发力训练方式，进行 1~2 组，每组 3~6 次，以充分激活神经系统，为后面的爆发力训练做好准备。

身体准备的环节也不是一成不变的，可以根据场地条件、后面爆发力训练的种类及运动员的训练状态适当调整动作、组数和次数，重点是将运动员的身体状态和神经系统兴奋性调整到最佳。

1.3.2 整理运动

一次完整的爆发力训练除了热身、训练动作之外，在训练动作结束后，还要进行整理运动。整理运动以放松为目的，致力于使整个身体系统的血液流动，促进本次训练后身体的恢复，并为下次训练做好准备。整理运动包括各种拉伸运动和其他整理运动。

A 拉伸运动

拉伸运动有多种类型，每种拉伸都有自己的独特优势，运动员可结合自己的特点来选择。运动后的整理运动中所运用的拉伸运动类型主要有以下几种。

被动拉伸是借助外力所进行的拉伸，它针对需要放松的肌肉或肌群，拉伸过程需保持 30 秒左右或更长的时间。部分热身中也会用到被动拉伸，运动员在比赛结束或训练的收尾阶段进行被动拉伸，有益于后期运动表现的提升。

主动分离式拉伸是借助毛巾、绳子、带子或同伴来进行的拉伸，通过目标肌肉的拮抗肌的收缩或放松来达到增加目标肌肉拉伸范围、放松肌肉的目的。如拉伸腘绳肌时，需要通过收缩股四头肌（腘绳肌的拮抗肌）来增加腘绳肌的拉伸范围。拉伸动作持续 2 秒，然后放松，再重复进行。

PNF（本体感觉神经肌肉促进）拉伸是借助人体的本体感受器来进行的拉伸，并且需要一名搭档进行辅助。拉伸过程包括肌肉的静力伸展与主动收缩。比如使目标肌肉进行 10 秒左右的静态拉伸后（第一阶段），搭档辅助拉伸者使肌肉进行 6 秒的等长收缩（第二阶段），然后拉伸者在搭档的辅助下进行更大程度的拉伸，并保持动作 30 秒（第三阶段）。第二阶段、第三阶段可重复进行几次。

B 其他整理运动

除了拉伸运动之外，还有很多其他方式可以帮助运动员进行训练后的恢复，如提升柔韧性与灵活性的练习、冷浸、按摩等。

提升柔韧性与灵活性的练习，如光脚进行适当运动。脚部与踝关节部位包含较多的关节、小肌肉、骨头，光脚运动有利于身体恢复及提升运动能力，同时也有足底按摩的效果。再如，倒退跑有助于打开髋关节，并使大腿后侧的腘绳肌得到放松。

冷浸是另一种让身体得到放松的方式，能抑制炎症和水肿，并使新鲜血液供应至受伤部位。冷浸有多重形式，如洗冷水浴，使用冷疗仓，运用冷热对比等。

按摩能加速体内代谢废物的排出，缓解肌肉的疲劳感，减少体内组织粘连与扳机点，在身体和精神上都能减缓运动员的压力。除了手动按摩外，按摩还可以借助多种工具来进行，比如扳机点球、泡沫轴等。

1.3.3 主要训练课程

主要训练课程是指一次爆发力训练课程的构成及其需要注意的地方，主要包括以下几个方面。

A 时长

爆发力训练课程的训练强度较大，加上前期的热身和训练后期的整理运动，需耗时 **1 小时左右**；如果有些动作要增加组数或者增加间歇时间，会比 1 小时多出 15~25 分钟。这样的超时训练**只能偶尔发生**，经常超时训练不利于进步的最大化。

B 热身与整理运动

热身与整理运动是主要训练课程的**重要部分**。热身应首先进行，以使体温升高，保持核心的温度；整理运动应放在训练的收尾阶段，有助于身体的恢复。

C

主要训练步骤

步骤一

热身。采用动态热身动作进行热身。

步骤二

进行动态训练和爆发力训练，以推举类动作、投掷类动作、跳跃类动作、起跑与加速动作为主。

步骤三

整理运动。这是训练的最后阶段，最好进行动作流畅的全身性练习，让血液流通起来，以加速代谢废物的排出，使机体尽快恢复。此类练习动作包括敏捷性练习、光脚动作、拉伸动作、泡沫轴滚动动作等。

以上步骤可在健身房进行。如果是在操场上进行爆发力训练，由于场地和器材的限制，有些动作无法进行，如力量类动作、孤立动作等；但在操场上训练可加入以髋关节为主的练习、灵活性训练、短跑训练、敏捷性训练等。

1.4 发展爆发力的益处

无论是专业的运动员，还是运动爱好者，发展爆发力均能带来不少益处。从对运动的影响和对身体健康的影响而言，发展爆发力的益处主要表现在以下几个方面。

A 提升运动表现

爆发力在大部分竞技体育中都很重要。力量更大、动作更快，动作的力度也就更大。如田径运动中的投掷类动作，良好的爆发力能让投掷的距离更远，成绩更好。再如球类动作，羽毛球的杀球、乒乓球的抽球、足球的射门等，良好的爆发力带给对手的威胁更大，容易使自己处于上风。

B 提升身体强壮度

爆发力训练的形式主要包括**抗阻训练、快速伸缩复合训练**等，侧重于全身性训练。虽然在健身房利用固定器械健身能提升身体局部肌肉的力量，实现局部增肌，但身体整体的协调发力能力依旧不能得到有效提升；而爆发力训练能提升神经系统的调节作用，使神经系统快速有效地募集更多的运动单位，调动快肌纤维，使肌肉的发力率更高，提升身体强壮度。

C 减脂，提升身体健康水平

发展爆发力对**减脂**有积极作用。爆发力训练的快速练习模式能使肌肉在更短的时间内做更多的功，消耗更多的热量。因此对需要减脂的人群来说，爆发力训练能帮助他们消耗更多的热量，降低身体中脂肪的含量。同时爆发力训练能改善人体心血管系统，提升关节的灵活性和控制能力以及人体的平衡感，这些均有益于提升身体健康水平。

1.5 爆发力评估

在进行爆发力训练之前，我们先要对个人的爆发力水平进行评估，然后才能在此基础上进行与评估水平相符的爆发力训练。

1.5.1 评估能力

进行爆发力训练需要考虑多方面的因素，因为不同的训练个体在年龄、性别、遗传因素、健康水平、训练水平、力量水平、训练经验等方面存在差异，针对这些差异，训练计划也会有所区别。评估能力的主要内容如下。

A 年龄

快速伸缩复合训练需要人体具备成熟的神经系统与骨骼，处于青春期之前的**儿童不适合进行**快速伸缩复合训练；而**青少年不适合进行**高强度的拉长–缩短周期训练（爆发力训练形式的一种，肌肉先快速进行离心收缩，很快再进行向心收缩），持续的超负荷训练会给他们带来运动损伤。

青少年可以参加快速伸缩复合训练，且应以跳跃类动作为主，强度适中。

随着人体的自然衰老，机体的各种能力逐渐减弱，继续保持中等强度的爆发力训练对人体也是有好处的。

B 身体能力和身体的局限性

想要进行爆发力训练，身体能力需要达到一定的条件，比如体重正常、身体力量达到一定水平，具有良好的核心稳定性及心肺功能。只有这样才能处理好爆发力训练动作，并有助于确定身体的极限，所以这些能力都需要进行评估。

另外，身体姿势是否标准，关节的柔韧性是否达到爆发力训练标准，身体是否存在旧伤或没有愈合的伤，这些身体的局限性也都关系到训练计划的制订。

C 个体差异

即使是同一个训练内容，不同的个体也会产生不同的反应，因为性别差异、基因遗传差异（如四肢的长短、肌纤维的类型等）等会带来不同的运动表现和进步程度。教练需要注意到这方面的影响。

D 经验

对于拉长 – 缩短周期训练来说，经验很重要，甚至超过了年龄对于训练的重要性。如果缺乏经验，即使是运动员也容易在拉长 – 缩短周期训练中受伤，因此需要对这一方面进行评估。

E 力量基础

爆发力训练的前提之一就是具有良好的**力量基础**，主要有以下两方面的原因。

首先，执行爆发力动作需要建立在核心稳定的基础上，需要有良好的**核心力量**。核心稳定为爆发力训练提供了一个稳定的平台，减少了受伤的可能，并提升了动力链对力的传递效率。

其次，执行爆发力动作需要动作正确，且动作的完成度要好，这样才能收获好的训练效果。只有经过力量训练，身体各部位的肌肉才能拥有足够的力量，以支持动作的高质量完成。

1.5.2 制订有效计划

制订训练计划前，我们要先对训练者的爆发力进行评估，下面介绍四种比较经典的爆发力评估方法。

A 前推药球

训练者根据自身情况选择重量适当的药球，一般男子选择 3 千克药球，女子选择 2 千克药球。训练者在平整且开阔的场地，双脚站于标志线后，将药球用双手抱于胸前，先向下屈膝屈髋，双腿爆发式向上蹬伸的同时双手发力将药球尽力向前抛出，双脚不得越过标志线，记录抛出的距离，精确到 0.1 米。共测试 3 次，取最好成绩。

侧抛药球

训练者根据自身情况选择重量适当的药球，一般男子选择 3 千克药球，女子选择 2 千克药球。训练者在平整且开阔的场地，侧身站立，左脚站于标志线后，将药球用双手抱于胸前，身体向右侧旋转，屈膝屈髋的同时双手将药球拉向身体右斜下侧，然后双腿爆发式向上蹬伸，身体向左快速旋转的同时双手发力将药球尽力向左侧前方抛出，双脚均不得越过标志线，记录抛出的距离，精确到 0.1 米。共测试 3 次，取最好成绩。换另一侧进行测试。

后抛药球

训练者根据自身情况选择重量适当的药球，一般男子选择 3 千克药球，女子选择 2 千克药球。训练者在平整且开阔的场地，背对抛掷方向，双脚站于标志线后，将药球用双手抱于胸前，先向下屈膝屈髋，双腿爆发式向上蹬伸的同时双手伸展发力将药球过顶尽力向后抛出，双脚不得越过标志线，记录抛出的距离，精确到 0.1 米。共测试 3 次，取最好成绩。

纵跳摸高

训练者准备纵跳摸高的器材，或找一面墙标记好刻度。训练者的身体侧对器材或墙壁，靠近器材或墙壁的手臂向上伸直。标记一下此时手指的位置，作为站立摸高的起始刻度。训练者原地下蹲，双手摆动，然后尽量向上垂直跳起，跳至最高点时记录下手指触摸的高度，两者高度差即是纵跳摸高的高度。共测试 3 次，取最好的成绩。

B 制订训练计划

在对训练者的各种身体条件及爆发力评估完毕后，就可以开始有针对性地制订训练计划了。训练计划的制订总体上遵循由易到难、由简单到复杂的顺序。在具体细化时，一般会从以下几方面进行考量。

动作分类

- 从功能解剖学的角度
- 与特定运动之间的关系的角度
- 与竞技比赛之间的关系的角度

目标肌肉群

- 上肢：手臂、肩部、胸部、肩胛带
- 躯干：腹部、背部
- 下肢：髋关节部位与腿部

动作和动力链

- 上肢：技术性动作
- 躯干：力量从下肢传递至上肢
- 下肢：动力来源

动作分类

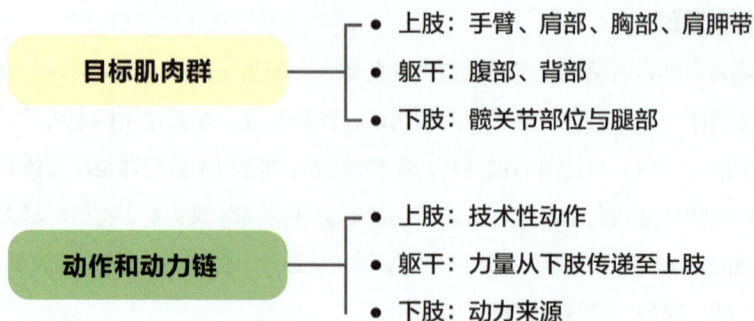

训练动作有简单的，也有复杂的，有训练者曾经使用过的，也有训练者未曾掌握的，因此教练需要先将这些动作进行分类（如从功能解剖学的角度、与特定运动之间的关系的角度、与竞技比赛之间的关系的角度），使训练动作符合训练者个人的水平，并与他所从事的运动技能相接近。

目标身体部位

爆发力训练的目标身体部位可按上肢、躯干和下肢来划分。上肢部位包含手臂、肩部、胸部和肩胛带；躯干部位则是身体的中间部分，即腹部、背部；下肢则涵盖髋关节部位与腿部。

需要注意的是，虽然身体部位可以单独进行强化，但在绝大多数运动中它们是以动力链的方式协同发力。

动作和动力链

在大多数爆发力训练的动作中，上肢基本担当技术性动作的角色，躯干则负责将力量从下肢传递至上肢，而下肢则担当动力来源的角色。这是一个完整的动力链，制订训练计划需要从这个角度全面考虑动作的选择。

1.6 不同运动爆发力训练的特点

许多运动都需要强大的爆发力。当爆发力训练与专项运动结合起来时，只有符合专项运动技术的需求，爆发力训练才会对该运动起到正向作用。下面，我们以篮球、足球、网球、羽毛球、高尔夫和短跑运动为例，讲解一下不同运动爆发力训练的特点。

A 篮球

对抗激烈是篮球运动的一大特点，篮球运动节奏快，进攻和防守转换频繁，这对运动员身体素质的要求非常高。在篮球比赛中，运动员经常需要在高速运动的状态下做出各种动作，这就要求运动员有强大的爆发力。比如在高速运动时做出传球、投篮、扣篮、盖帽等动作，都需要运动员有很强的肩背、手臂、躯干和腿部的肌肉爆发力。因此，爆发力训练对于运动员提高在篮球场上的表现有重要作用，有时甚至能弥补身高、体重不足所带来的负面影响。

篮球运动的爆发力训练着重于提高身体肌肉的**力量**与**速度**，并且可以针对不同的运动部位选择合适的训练项目。例如壶铃练习、药球练习、举重练习等可提升**上肢的爆发力**，快速伸缩复合训练可提升**下肢的爆发力**。这些训练项目都可以有效加快肌肉做功的速度，提升身体的爆发力。

B 足球

足球是一项**奔跑中的运动**，要求运动员的**核心部位肌肉**和**腿部肌肉**在力量和速度上都有较高的水平。如果运动员的爆发力不足，就会造成动作变形、速度变缓甚至是受伤等情况。提升爆发力可以为足球技术的提升带来很大帮助。

足球运动的爆发力训练主要体现在**下肢爆发力训练上**。除了常规的抗阻训练外，弹跳、深蹲跳、单脚跳、折返跑等**重复性训练**也可以有效提升运动员的爆发力水平，使运动员更好地完成冲刺、跳跃、过人、射门等足球动作。另外，上肢力量对于足球运动也很重要，运动员可以采用常规的力量训练来提升上肢力量。

C 网球

网球运动对运动员的**平衡性、协调性、敏捷性**及**耐力**都有相当高的要求，可以说是一项非常“艰苦”的运动。运动员除了要能够做出准确的技术动作和具有良好的身体耐力外，还要在发球、击球、移动、制动等技术方面拥有**优异的快速力量**，即需要良好的爆发力。良好的爆发力能让运动员在比赛中获得更多取胜的机会，甚至可以说爆发力水平是网球运动员运动水平的决定性因素。

在进行网球比赛时，运动员主要依靠**躯干**和**上肢的摆动**发力击球，不仅移动速度快、奔跑多，而且移动的范围也很大，所以网球运动的快速发力训练应更全面，要包括对**上肢、躯干、下肢**等各部位的训练。

D 羽毛球

羽毛球运动是一项**技术复杂多样、间歇短、强度高、持续时间长**（双方比分未确定，则比赛会持续进行）的体育运动。在比赛过程中，运动员需要运用多种技术动作，如闪腕、扣杀、跳杀、快速启动等。这些动作需要身体各部位肌肉在协调统一的前提下快速发力完成，是力量和速度的完美结合。由此可见，羽毛球运动对于运动员手指、手腕、腰腹部、腿部、脚踝等部位的爆发力和协调性都有极高的要求，而且对于**快速爆发力**的需求更加强烈。因此，运动员在进行爆发力训练时要将**快速发力训练**作为重点训练方式，同时还要结合**小力量快速发力训练**，协调运用小负重动作与自重动作，将提升**力量**和**速度**作为重点训练目标，进而增强爆发力。

E 高尔夫

高尔夫运动看似轻松随意，实则是一项需要耐力与爆发力的运动。高尔夫比赛往往会持续数小时，长时间的挥杆击球要求运动员除了有良好的**耐力**外，还需要有良好的爆发力，并且爆发力是决定击球准确性的关键因素。击球时力量由下肢向髋部、躯干、手臂、手腕传递，直至杆头，优秀的击球过程是众多**爆发力传递合作**的结果。

高尔夫运动的爆发力训练，除了包括上下肢爆发力训练外，还包括躯干**旋转**爆发力的训练，从而使身体各部位的旋转速度和力量均得到显著提升。

F 短跑

良好的爆发力是短跑运动员的关键身体素质，它能使肌肉在极短时间内爆发出最大力量，使身体快速移动。良好的爆发力是短跑运动员取得良好成绩的保障，尤其是**下肢爆发力**，它的水平决定了短跑运动员的**加速跑**水平。

发展短跑爆发力可以让运动员在不减缓动作速度（极限或接近极限速度）的前提下，使用大重量或极限负荷重量来进行相应的**重复力量训练**，也可以采用极限负荷重量的 **30%~50%** 来进行发展专项运动的训练，训练时的组间恢复时间要适当延长。保持一定速度的**大重量快速练习**，可以有效提升肌肉的收缩力量和速度，增强爆发力。

1.7 特殊人群爆发力训练的特点

1.7.1 青少年

在一些经常性的日常活动或体育运动中，良好的身体力量与爆发力水平能让青少年轻松地完成这些任务，并给他们带来胜利的喜悦。在不受外力干预的情况下，年龄不同，身体的爆发力水平也不一样。随着年龄的增长，青少年的神经系统和机体组织趋于成熟，进而使神经肌肉的爆发力发生变化（一般指增强）。青少年进行适当的爆发力训练可以有效增强身体素质，避免出现肥胖、无力等。而且青少年时期是强健人体骨骼的最佳时期，进行适当爆发力训练的青少年，其骨密度增长速度远快于不进行训练的青少年。正确且科学的爆发力训练不仅能降低青少年运动受伤的概率，还能提升青少年身体各部位肌肉的工作效率与协调性，对于提升身体运动能力有积极的效果。因此，青少年应该进行一些提高爆发力水平的训练。

青少年进行爆发力训练的好处

- 增强身体素质
- 避免出现肥胖、无力等
- 骨密度增长速度更快
- 减少运动受伤的概率
- 提升青少年身体各部位肌肉的工作效率与协调性

发展肌肉爆发力的有效手段之一是进行科学的抗阻训练。由于青少年肌肉成分的局限，肌肉力量还不是很强大，所以不宜采用大负荷抗阻训练，否则有可能对其成长带来负面影响，甚至造成机体过早出现伤病，因而小负荷抗阻训练是主要训练形式。通过进行科学的抗阻训练，青少年可以获得良好的肌肉力量并增强爆发力。

✓ **小负荷抗阻训练**　　✗ **大负荷抗阻训练**

需要注意的是，青少年时期的爆发力训练需要保持在一个相对合理的频率上。由于青少年成长时期的特殊性，经过训练获得的爆发力，其能力降低速度也相对较快，所以我们在设计训练计划时要充分考虑到这一因素。对于有竞技需求的青少年，我们需要频繁地对他们的肌肉爆发能力进行刺激。

总之，我们要针对不同年龄、不同身体素质的青少年制订对应的训练计划，不能只是将适用于成人的训练计划在时间和强度上进行简化，要在保证安全性的同时让青少年逐步稳定地进行科学训练；同时要尽量使训练方式趣味化，避免让青少年出现负面情绪。

1.7.2 老年人

和青少年一样，老年人的身体机能也有其特殊性。从 30 岁开始，人体的力量和爆发力开始降低，60 岁开始出现大幅降低。从 60 岁到 80 岁，老年人的力量水平会降低 25%~30%，爆发力的降低速度更快。这是由于老年人的肌肉开始出现萎缩，造成相关运动神经的活力降低，运动神经向肌肉细胞传递信号的频率降低，从而降低了肌肉做功的能力，最终导致爆发力降低。爆发力的保持或提升对于老年人来说至关重要。保持良好的爆发力可以使老年人维持健康的身体机能，增强其日常生活的便利性，避免或减少因无力或肌肉功能丧失而带来的危险（如退行性变化引起的摔倒）。合理的爆发力训练可以降低老年人肌肉力量的流失速度，最大限度地保持和提升肌肉的爆发力。

老年人也需要通过抗阻训练来提升肌肉的爆发力。训练之前，老年人应对自身的肌肉力量有一定认识，在保证肌肉有一定力量的前提下才可以进行相应的爆发力训练。对于没有长期训练习惯的老年人来说，在进行爆发力训练之前，需要先提升基础力量，比如使用固定器械（如史密斯器械等）进行力量训练，然后才能在此基础上进行爆发力训练；而肌肉力量比较好和有长期训练习惯的老年人，则可以选择自由器械（如哑铃、杠铃等）来进行爆发力训练。

老年人进行爆发力训练

- 肌肉力量较弱或没有长期训练习惯的老年人应先使用固定器械进行力量训练
- 肌肉力量比较好和有长期训练习惯的老年人，可以使用自由器械进行爆发力训练

老年人在进行爆发力训练时，除了要考虑基础力量的因素之外，还要结合相关**病史**，规避风险，制订出合理的、具有针对性的训练计划。

第 2 章
爆发力训练动作

02

2.1 爆发力训练的方法和器械

爆发力训练有特定的训练方法，并且会用到不同的器械。下面我们来具体了解一下。

2.1.1 爆发力训练的方法

具备强大爆发力的最重要的**两个条件**分别是强大的**力量输出**和较快的**动作速度**，因此发展爆发力也要充分考虑这两个条件，既要提升最大力量，又要提升动作速度。

- 具备强大爆发力的最重要的两个条件
  - 强大的力量输出
  - 较快的动作速度

有经验表明，在进行最大力量训练之后——比如采用**最大负荷的 85% 以上的强度**（推荐强度为最大负荷的 86%~90%）——再进行爆发力测试（传统的爆发力训练，采用中小负荷，即最大负荷的 75%~85% 或 75% 以下），会发现爆发力有很好的提升。这是因为最大力量训练使用大负荷，能充分激活体内的快肌纤维参与运动；虽然动作的速度慢，但在训练后，大脑皮层还留有痕迹效应。所以紧接着进行爆发力测试时，即使采用中小负荷只能激活有限的肌纤维，但在最大力量训练过程中激活的多数快肌纤维此时还处于被激活的状态，在爆发力测试中依旧能产生强大的力量。这是仅采用中小负荷力量训练所不能达到的结果。

但最大力量训练与中小负荷力量训练单独进行，均**不能有效提升爆发力**。这是因为最大力量训练的动作速度慢，并不符合爆发力训练的特点，没有办法快速发力；而中小负荷力量训练的动作速度虽然快，但由于负荷小，所以激活的快肌纤维数量有限，不能产生足够的力来输出强大的爆发力。

因此，爆发力训练要**综合最大力量训练与中小负荷力量训练**，才能**有效提升爆发力**。训练时可以在进行一组最大力量训练、激活更多的快肌纤维后，再进行若干组中小负荷力量训练，以获取良好的爆发力。

2.1.2 爆发力训练的器械

爆发力训练经常用到以下几种器械。

A 药球

药球很适合用来进行下砍 / 砸动作，多用于爆发力训练，可以提升训练者的协调能力、平衡能力及对肌肉的控制能力，尤其有利于提升核心力量。

药球用起来也很便利，便于携带，对场地的要求低。药球的训练动作也很多样，有躺姿、坐姿、站姿等。

B 哑铃

哑铃是进行力量训练的主要器械，也可以配合爆发力动作进行爆发力训练。哑铃可分为固定负荷与可调节负荷两种。固定负荷的哑铃需要与多种负荷的哑铃配合进行训练。可调节负荷的哑铃可根据训练需要调节出合适的负荷进行训练。

C 跳箱

跳箱是由若干个长方形木箱叠垒起来的体育器械，主要用于爆发力训练。跳箱可以调节高度，但并不是越高越好，而是要与训练者的水平保持一致。训练时要循序渐进，动作从低难度到高难度逐渐推进。

D

弹力带

弹力带在爆发力训练中常用于核心训练，也经常搭配哑铃一起使用以增加阻力，在提升力量和爆发力的同时还能提升肌肉的控制能力。弹力带由乳胶制成，设有多种阻力。选择弹力带时最好亲自试一下，挑选适合自己训练水平的阻力。

E

瑞士球

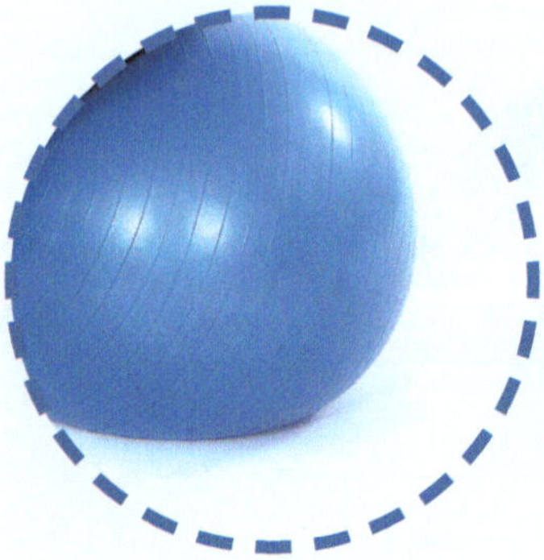

瑞士球结实耐用，能承受较大重量。瑞士球训练动作有助于锻炼核心力量，而平稳有力的核心力量是进行爆发力训练的基本条件。瑞士球有大小不同的多种规格，训练者可依据自身的身高来挑选。

F

壶铃

壶铃是偏于全身性训练的器械，训练者可握住壶铃的把手进行上翻、下摆等动作。壶铃主要用来进行力量训练和爆发力训练，以提升训练者的力量和爆发力。除此之外，由于壶铃训练动作的灵活性，它也能兼顾提升人体的关节活动度及柔韧性。

2.2 爆发力训练前的热身动作

动作 1 泡沫轴 – 上背部放松

POINT 细节及注意事项

滚压过程中保持核心收紧。

动作步骤

步骤 01

身体呈仰卧位，屈髋屈膝，泡沫轴置于上背部的下方。

01

步骤 02

身体移动，使泡沫轴在肩部与中背部之间来回滚动，完成规定的次数或时间。

02

动作 2 泡沫轴 – 侧卧 – 单侧背阔肌放松

POINT 细节及注意事项

支撑脚蹬地带动身体来回倾斜。

动作步骤

步骤 01

将泡沫轴放在瑜伽垫上，身体左侧卧，左臂肩关节下侧靠在泡沫轴上；右臂在腹部前方屈肘，右手撑垫；左腿侧面贴于垫面，伸展打开，右腿向前跨过左腿，屈膝，右脚撑垫。

01

步骤 02

身体向前倾斜 45 度，回正；再向后倾斜 45 度，再回正。如此循环前后倾斜身体，使背阔肌得到按压。另一侧背阔肌的按压也按照同样的要求进行。

02

动作 3 泡沫轴 – 肩关节前侧滚压

POINT 细节及注意事项

保持身体稳定，滚压侧手臂抬离地面。

动作步骤

将泡沫轴放在瑜伽垫上，身体俯卧，左臂肩关节下方靠在泡沫轴上，右臂屈肘撑垫。左腿屈膝，膝关节与脚尖撑垫；右脚尖撑垫。

右脚、左膝、左脚及右前臂推地，使泡沫轴在左侧肩部处慢慢来回滚动，如此循环前后移动身体，使肩关节前侧肌肉得到按压。另一侧按压也按照同样的要求进行。

动作 4 泡沫轴 – 仰卧 – 单侧臀肌放松

POINT 细节及注意事项

双手辅助发力，身体整体移动。

动作步骤

步骤 01

将泡沫轴放在瑜伽垫上，双手双脚撑垫；双臂伸直，双腿屈膝，臀部压在泡沫轴上。左腿抬起，将脚踝放在右腿膝关节上。

01

步骤 02

双手和右脚支撑身体，身体前后移动，使臀肌得到按压。另一侧臀肌的按压也按照同样的要求进行。

02

动作 5 泡沫轴 – 俯卧 – 单侧股四头肌放松

POINT 细节及注意事项

双手辅助发力，躯干保持平衡，核心收紧。

动作步骤

步骤 01

将泡沫轴放在瑜伽垫上，身体俯卧，双臂屈肘撑垫，双手相握；双腿伸直，大腿压在泡沫轴上。

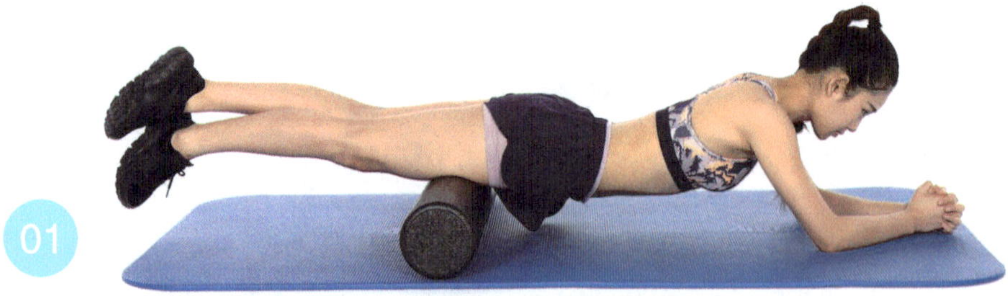

步骤 02

身体向前向后移动，使股四头肌得到按压。

动作 6 泡沫轴－侧卧－单侧髂胫束放松

POINT 细节及注意事项

保持平衡，放松膝关节至髋部侧面区域。

动作步骤

步骤 01

将泡沫轴放在瑜伽垫上，身体左侧卧，双手撑垫。双臂伸直，左腿伸直，左大腿外侧压在泡沫轴上。右腿向前跨过左腿，屈膝，右脚撑垫。

01

步骤 02

在双臂与右腿的支撑下，身体左右移动，使左腿髂胫束得到按压。另一侧髂胫束的按压也按照同样的要求进行。

02

动作 7 泡沫轴－大腿后侧滚压

POINT 细节及注意事项

滚压过程中保持核心收紧，臀部抬离地面。

动作步骤

步骤 01

身体呈坐姿，双臂伸直支撑于体后，右腿伸直，将泡沫轴置于右腿大腿下方，左腿屈曲置于右腿上。

01

步骤 02

双手推地，带动身体前后移动，使泡沫轴在右腿大腿后侧慢慢来回滚动。滚动至规定时间后，换另一侧进行。

02

动作 8 泡沫轴－大腿内侧滚压

POINT 细节及注意事项

保持身体稳定。

动作步骤

步骤 01

将泡沫轴放在瑜伽垫上，身体俯卧，双臂屈肘撑垫；左腿屈膝，将左大腿内侧压在泡沫轴上，右腿向后方伸直。

步骤 02

双臂和右脚推地，带动身体前后移动，使泡沫轴在左腿大腿内侧来回滚动，使大腿内侧肌肉得到按压。另一侧大腿内侧肌肉的按压也按照同样的要求进行。

动作 9 泡沫轴 – 单侧小腿放松

POINT 细节及注意事项

注意保持臀部抬离地面。

动作步骤

步骤 01

将泡沫轴放在瑜伽垫上，双手撑垫；左腿伸直，左小腿压在泡沫轴上，右小腿叠放在左小腿上方，臀部离地。

01

步骤 02

在双臂的支撑下，身体前后移动，使左小腿肌肉得到按压。另一侧小腿肌肉的按压也按照同样的要求进行。

02

动作 10 泡沫轴－胫骨前肌放松

POINT 细节及注意事项

核心收紧，保持躯干稳定且平行于地面。

动作步骤

步骤 01

将泡沫轴放在瑜伽垫上，双臂伸直，双手撑地，双腿屈膝，右腿小腿前侧压在泡沫轴上，左腿小腿叠放在右腿小腿上方。

步骤 02

在双臂的支撑下，身体前后移动，使右腿胫骨前肌得到按压。另一侧胫骨前肌的按压也按照同样的要求进行。

动作 11 军步走 – 原地

POINT 细节及注意事项

核心收紧，动作速度要快。

动作步骤

步骤 01

身体正直站立，双脚自然并拢，双臂自然放在身体两侧。

步骤 02

右腿屈膝抬起，直至大腿水平，同时左臂屈肘前摆，右臂屈肘后摆。

步骤 03

右腿下落并用力蹬地，换左腿屈膝抬起，直至大腿水平，同时右臂屈肘前摆，左臂屈肘后摆。如此交替进行。

动作 12 军步走－直腿

POINT 细节及注意事项

核心收紧，动作速度要快。

动作步骤

步骤 01

身体正直站立，双脚自然并拢，双臂自然放在身体两侧。

步骤 02

左腿伸直向前踢，同时右臂屈肘前摆，左臂屈肘后摆。右腿保持伸直。

步骤 03

左腿保持直腿下落并用力蹬地，换右腿伸直前踢，同时左臂屈肘前摆，右臂屈肘后摆。如此交替进行。

动作 13 弓步走

POINT 细节及注意事项

核心收紧，背部挺直。

动作步骤

步骤 01

身体正直站立，双脚自然并拢，双手叉腰。

步骤 02

左腿屈膝高抬后向前迈出，落地后，大小腿夹角约为 90 度。右腿在身后向下屈膝，大小腿夹角约为 90 度。然后起身换另一侧，交替做前弓步。

动作 14　抱膝走

动作步骤

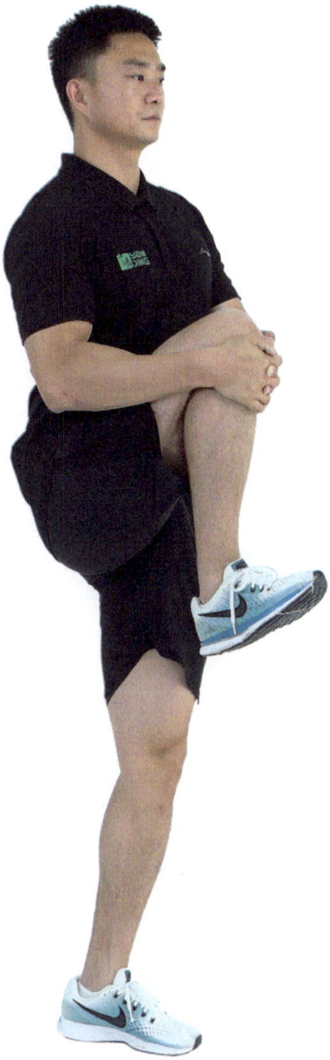

身体正直站立，双脚自然并拢，双臂自然放在身体两侧。

核心收紧，右腿屈膝上抬，双手搂抱膝关节，向上用力，辅助膝关节尽量向胸部靠近。

右腿放下，换左腿屈膝上抬，双手搂抱膝关节，向上用力，辅助膝关节尽量向胸部靠近。如此交替进行。

动作 15 燕式平衡

POINT 细节及注意事项

保持抬起的腿伸直，避免髋部翻转。

动作步骤

步骤 01

身体正直站立，双脚自然并拢，双臂侧平举。

01

步骤 02

保持背部挺直，俯身屈髋，左腿微屈支撑，右腿向后伸直抬起，直至躯干与右腿呈一条直线且与地面平行，保持 1~2 秒。然后换身体另一侧执行同样动作。

02

动作 16　最伟大拉伸

动作步骤

POINT　细节及注意事项

后侧腿膝关节保持伸直。

步骤 01~03

身体正直站立，双脚自然并拢，双臂自然放在身体两侧。

核心收紧，右腿屈膝向前方跨出，左腿伸直。右侧臀部有收紧感。

上身下俯，左臂伸直，左手撑地；右臂屈肘，头部、肩部、背部、臀部、膝关节、踝关节呈一条直线。保持姿势 1~2 秒。

步骤 04~06

右臂向右、向上伸直打开，直至双臂呈一条直线，上身随之右转。保持姿势 1~2 秒。

右臂落下，双臂伸直，双手撑地。

右腿伸直，右脚跟撑地；左脚尖撑地，臀部提高，背部保持挺直。保持姿势 1~2 秒。然后换身体另一侧执行同样动作。

动作 17 毛毛虫爬行

动作步骤

POINT 细节及注意事项

核心收紧，身体向前移动时保持双腿、双手伸直。

步骤 01

身体正直站立，双脚自然分开，双臂自然放在身体两侧。

01

步骤 02

上身下俯，双臂伸直，双手指尖点地，双腿保持伸直。

02

步骤 03

双脚保持不动，双手交替向前移动，移动至双手位于双肩下方时，头部抬起，挺胸，背部、臀部向下，使身体呈反弓形。

03

步骤 04

双臂保持不动，抬起臀部，双脚交替向前移动，直至恢复至步骤 02 的姿势。重复动作。

04

动作 18 迷你带 - 半蹲 - 侧向走

动作步骤

步骤 01

身体呈半蹲姿势，双臂在胸前屈肘；双脚距离与肩同宽，双腿屈膝，将迷你带套在小腿上接近踝关节的位置，迷你带有弹力但不紧绷。

01

步骤 02

保持半蹲姿势，左腿向左侧迈出一步，右腿跟随靠近左腿，保持双脚距离与肩同宽。双臂配合摆动。可连续向左侧移动，也可连续向右侧移动，动作要求相同。

02

动作 19 直臂平板支撑

动作步骤

POINT 细节及注意事项

肘关节微屈不要锁死。

在瑜伽垫上呈俯撑姿势，双手撑垫，双臂伸直，双手位于肩部正下方；双脚脚尖撑垫，双腿伸直，头部、肩部、背部、臀部、膝关节、踝关节呈一条直线。

动作 20 侧平板支撑 – 顶髋

动作步骤

POINT 细节及注意事项

核心收紧，保持躯干稳定，背部挺直。

步骤 01

在瑜伽垫上，左脚与左臂肘部、左手撑垫，右臂向上伸直，右腿伸直，右脚靠在左脚上，核心收紧，保持双腿间有一定空隙，头部、肩部、背部、臀部、膝关节、踝关节呈一条直线。

步骤 02

核心收紧，髋部向上顶，然后回到原位。重复动作。然后换身体另一侧执行同样动作。

动作 21 仰卧－单腿挺髋

POINT 细节及注意事项

下放髋部时要有控制地进行，下放到最低点时不要接触瑜伽垫。

动作步骤

步骤 01

仰卧于瑜伽垫上，头部、背部紧贴垫子，右腿屈膝，右脚撑垫；左腿屈膝上抬，双手搂抱在左腿膝关节下方，臀部离地。

01

步骤 02

保持双手与左腿姿势不变，髋部向上挺，使肩部、背部、髋部、右腿膝关节在一条直线上。并在肌肉收紧至最大限度时保持 1~2 秒。然后换身体另一侧执行同样动作。

02

动作 22 俯身 -YTW 形伸展

动作步骤

步骤 01

保持身体直立，双腿开立，双脚距离与肩同宽，双臂自然放在身体两侧。

步骤 02

屈膝、屈髋，半蹲，上身前俯，双臂向头部两侧上方充分打开，与躯干呈“Y”字形。

步骤 03

保持躯干姿势不变，两臂向身体两侧下降，保持充分伸展，直到两臂呈水平状态，且位于同一直线上，与躯干呈“T”字形。

步骤 04

保持躯干姿势不变，两臂在身体两侧向下屈肘，与躯干在同一平面上，与躯干呈“W”字形。回到“Y”字形，重复动作。

动作 23 药球 – 双腿深蹲

动作步骤

POINT 细节及注意事项

下蹲时，膝关节打开方向与双脚方向保持一致。

步骤 01

身体正直站立，双腿分开，双脚距离与肩同宽；双手抱药球，双臂向前水平伸直。

步骤 02

保持上身姿势不变，屈膝，屈髋，做深蹲动作，直至大腿与地面平行或接近平行。保持上身姿势不变，起身，恢复为初始姿势。重复动作。

动作 24 药球－弓步－躯干旋转

动作步骤

POINT 细节及注意事项

核心收紧，背部挺直。

步骤 01

身体正直站立，双腿分开，双脚距离约等于肩宽；双手在身体胸部前方抱稳药球，保持双臂屈肘。

步骤 02

保持躯干挺直，右腿屈髋屈膝向前方跨步呈弓步的同时，躯干向右旋转，双手随之向右侧移动药球至体侧。回到初始姿势，另一侧动作要点相同。交替进行。

动作 25 药球－直立姿－旋转推举－对角线

动作步骤

步骤 01

身体正直站立，双腿分开，双脚距离大于肩宽；双手在身体腹部前方抱稳药球，保持双臂屈肘。

01

步骤 02

保持双脚位置不变，双手抱药球转向左下方，双腿稍稍屈膝，右脚踮起。

02

步骤 03

左脚蹬地发力，上身向右上方转，伸展双腿，左脚尖着地；双手持药球摆向右上方，手臂伸直打开。

03

步骤 04

恢复初始姿势，重复动作。另一侧动作要点相同。

04

动作 26 药球－直立姿－过顶砸球

动作步骤

步骤 01

身体正直站立，双腿分开，双脚距离大于或等于肩宽；双手在身体髋部前方抱稳药球，保持双臂屈肘。

01

步骤 02

核心收紧，双臂向上推举药球至头顶上方。保持肘部微屈。

02

步骤 03

身体稍稍向前屈，用力快速将药球砸向身前，并借着药球反弹的力量再次抱稳药球。重复动作。

03

动作 27 药球 – 分腿姿 – 旋转过顶砸球

动作步骤

步骤 01~03

以分腿姿站立，左腿在前，右腿在后；双手在身体腰腹部前方抱稳药球，保持双臂屈肘。

核心收紧，向右下方转体，将球拉向身体右侧髋部位置。

双臂向右上方抬起，将球送向头部右上方。

步骤 04~05

将球经头部右上方、头部上方，送向头部左上方。

将球从头部左上方向身体左下方快速砸去。双手接球后恢复初始姿势，重复动作。然后换身体另一侧执行同样动作。

动作 28 蹲跳

动作步骤

POINT 细节及注意事项

起始时双脚与髋同宽，双臂后伸。

步骤 01

身体呈 1/4 蹲姿，保持约 2 秒。

01

步骤 02

快速向上起跳的同时，双臂快速向上摆动。

02

步骤 03

落地时髋、膝、踝微屈缓冲，保持稳定。重复动作。

03

2.3 上肢爆发力训练动作

动作 1 跪姿 - 爆发式俯卧撑

目标肌肉 胸大肌、肱三头肌、核心肌群

动作步骤

步骤 01

01

在瑜伽垫上呈俯撑姿势，双手、双膝、双脚脚尖撑垫。双臂伸直，双手距离稍稍大于肩宽。从侧面看，头部、肩部、背部保持在一条直线上。

步骤 02

02

双臂屈肘，使上身快速下降，尽量下降至胸部快要接触垫面。

步骤 03

03

快速将身体向上推起，且手掌和脚尖离开垫面。

步骤 04

身体下降，恢复为双手、双膝双脚脚尖撑垫的姿势。重复动作。

POINT 细节及注意事项

- 核心收紧，不能塌腰。
- 头部、肩部、背部、髋部要始终保持在一条直线上。颈部保持中立位。
- 跪姿减轻了身体的负荷，但要尽量将身体推得更高。

- 下降时肘关节不要锁死。

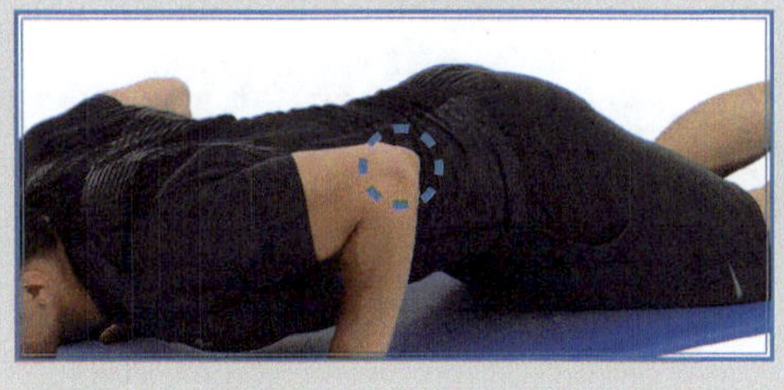

- 双手撑垫时，手指自然指向前方。

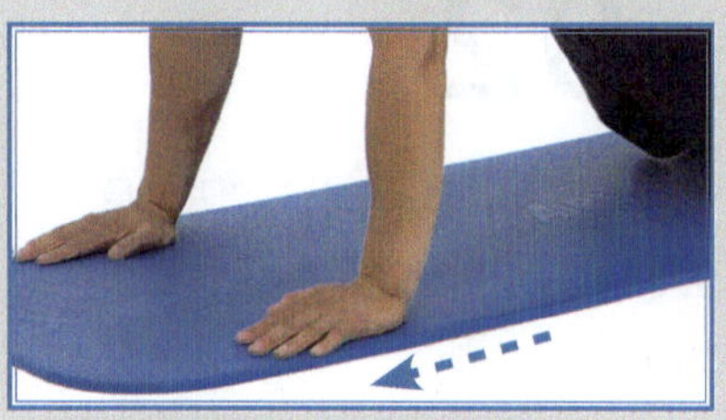

变式动作推荐

跪姿击掌俯卧撑

在跪姿 -爆发俯卧撑的基础上，推起身体时，双手同时腾空，迅速击掌。该动作难度有所提升。

动作 2 增强式 – 俯卧撑

目标肌肉 胸大肌、肱三头肌、三角肌前束

动作步骤

步骤 01

在瑜伽垫上呈俯撑姿势，双手、双脚撑垫。双臂伸直，双手距离稍稍大于肩宽。手臂垂直于垫面，位于肩关节的正下方。双脚稍稍分开，约与肩同宽。从侧面看，头部、肩部、背部保持在一条直线上。

步骤 02

核心收紧，双臂屈肘，使上身快速下降，尽量下降至胸部快要接触垫面。

步骤 03

快速将身体向上推起，直至手臂完全伸直，且手掌离开垫面。

步骤 04

身体及双臂下降，恢复双手、双脚撑垫。重复动作。

POINT 细节及注意事项

- 核心收紧，不能塌腰。
- 头部、肩部、背部、髋部要始终保持在一条直线上。颈部保持中立位。
- 尽量将身体推得更高。

- 下降时肘关节不要锁死。

- 双手撑垫时，手指自然指向前方。

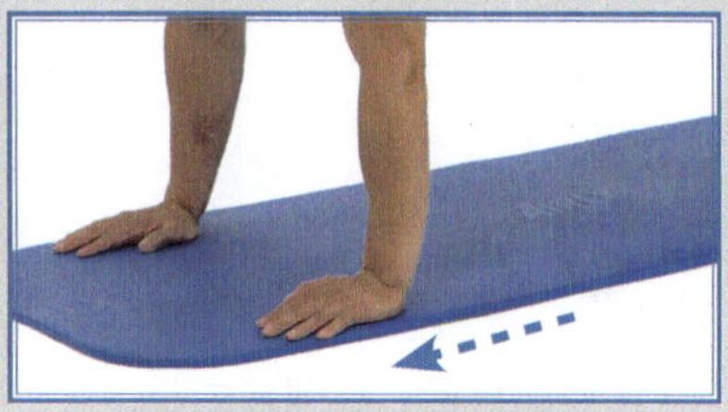

变式动作推荐

BOSU 球 – 稳定爆发力俯卧撑

该动作以 BOSU 球的曲面为支撑面，进行俯卧撑练习。推起身体时，手掌也要离开球面，然后缓冲落下。

瑞士球 – 下斜 – 爆发式俯卧撑

在瑜伽垫上呈俯撑姿势，两侧大腿放在瑞士球上，腿部伸直，双手撑垫，进行俯卧撑练习。推起身体时，手掌也要离开垫面。

动作 3 杠铃推举

目标肌肉 三角肌前束、三角肌中束、肱三头肌

动作步骤

步骤 01

直立站姿，挺胸直背，双手正握杠铃置于肩部上方，握距比肩稍宽。

01

步骤 02

快速推起杠铃，肩胛骨内收，竖直放下杠铃至体前肩部高度。重复动作。

02

POINT 细节及注意事项

- 核心收紧。
- 杠铃放在双肩位置时，用掌根支撑杠铃。
- 沿直线向上推举。
- 推举至手臂完全伸直，且肘关节锁死。

变式动作推荐

壶铃 – 弓步 – 双臂推举

将杠铃更换为壶铃，双腿采用前后弓步姿势，双手各握一个壶铃，先使壶铃底部朝向侧面，将壶铃举至肩部高度，然后挺胸抬头，快速发力将壶铃推举过头顶（此时壶铃底部朝下）。

动作 4 药球－单球快速交替俯卧撑

目标肌肉 胸大肌、肱三头肌、核心肌群

动作步骤

步骤 01

呈俯撑姿势，将药球放在右肩下方。右手按压在药球上，左手撑地；双脚分开，约与臀部同宽，脚尖撑地。

01

步骤 02

核心收紧，双臂屈肘，使身体下降，直至胸部快要接触地面。

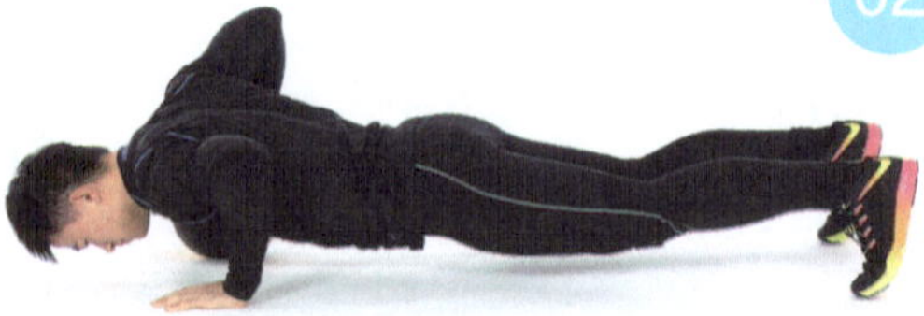

02

步骤 03

快速将身体推起，在推起至胸部高度与药球持平时，右手将药球轻轻推向左手位置，左手按压药球。

03

步骤 04

继续向下做俯卧撑，重复动作。

POINT 细节及注意事项

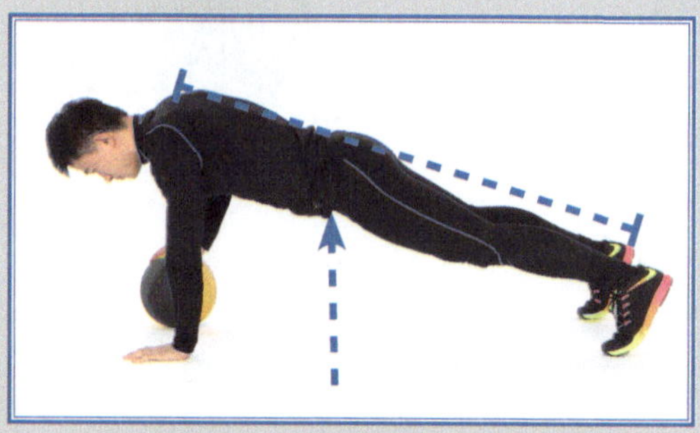

- 核心收紧，不能塌腰。
- 肩部、背部、髋部、踝部要始终保持在一条直线上。颈部保持中立位。
- 在初始姿势中，双臂与躯干之间的角度最好保持在45度。
- 尽量将身体推得更高。

- 下降时肘关节不要锁死。

- 手掌撑地时，手指自然指向前方。

爆发力训练概述
爆发力训练动作
爆发力训练计划

动作 5 药球－跪姿－胸前抛球

目标肌肉 肩关节周围肌群

动作步骤

步骤 01

身体呈跪姿，上身直立，双手于胸前持药球。

01

步骤 02

身体略微后倾蓄能，然后快速回弹，同时双手将药球向前方尽可能远地推出。重复动作。

02

POINT 细节及注意事项

- 核心收紧。

- 向前抛球时，感受手臂的爆发力。

变式动作推荐

药球 – 跪姿 – 胸前抛球

利用跪姿做出胸前抛球动作。上半身保持直立，膝关节屈曲 90 度，大腿与躯干在一条直线上且垂直于地面。与站姿的动作要求相同，双臂要用力快速向前以最大力量抛出药球。

动作 6 药球 – 仰卧 – 胸前推接球

目标肌肉 肩关节周围肌群、上肢肌群

动作步骤

步骤 01

该动作需要与搭档一起进行。练习者在瑜伽垫上呈仰卧姿势，双腿分开，双脚距离约与肩同宽，双臂垂直于垫面，伸直上举，做好接球准备。练习者头顶上方放置跳箱，搭档站在跳箱上，双手握药球，手臂向前打开伸直，药球刚好处于练习者双手正上方的位置。

步骤 02

搭档松开药球，使其自然落于练习者手中。练习者保持身体姿势不变，接药球。

步骤 03

练习者接住药球的同时双臂顺势屈肘，移动药球至胸前，然后双臂快速向上用力将球上推，搭档接球。重复动作。

03

POINT 细节及注意事项

- 练习者手臂须垂直于地面。

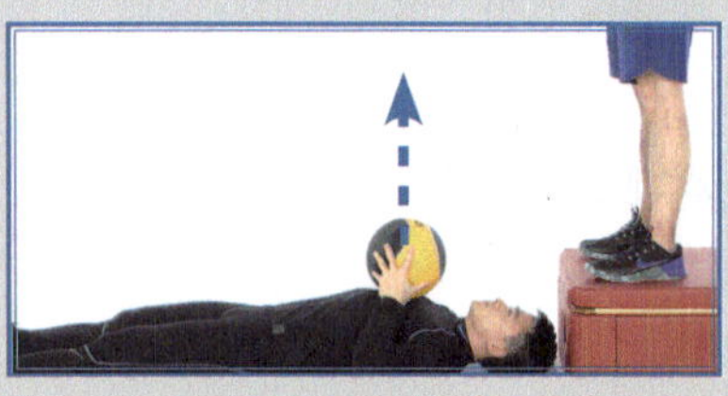

- 练习者推出药球时，尽量用力向上垂直推出。

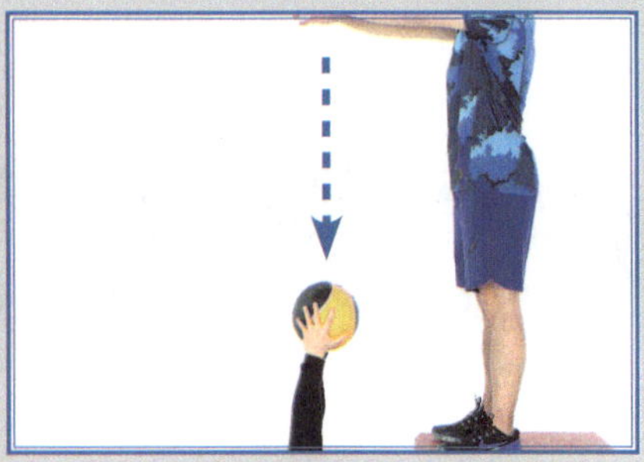

- 练习者保持身体姿势不变。
- 搭档控制好药球的位置，使其自然落于练习者手中。

变式动作推荐

瑞士球－仰卧－胸前推接球

以仰卧在瑞士球的姿势进行胸前推接球的练习。仰卧于瑞士球上，将瑞士球置于两侧肩胛骨下方，双手持要求于胸前。屈髋收腹，双手将药球快速抛给搭档，同时屈髋至躯干与地面约呈 45 度夹角。

动作 7 壶铃 – 爆发力俯卧撑 – 单臂支撑

目标肌肉 胸大肌、肱三头肌

动作步骤

步骤 01

呈俯撑姿势，将壶铃放在左肩下方。左手按压在壶铃上，右手撑垫；双脚分开，约与臀部同宽，脚尖撑垫。

步骤 02

核心收紧，双臂屈肘，使身体下降，直至胸部快要接触垫面。

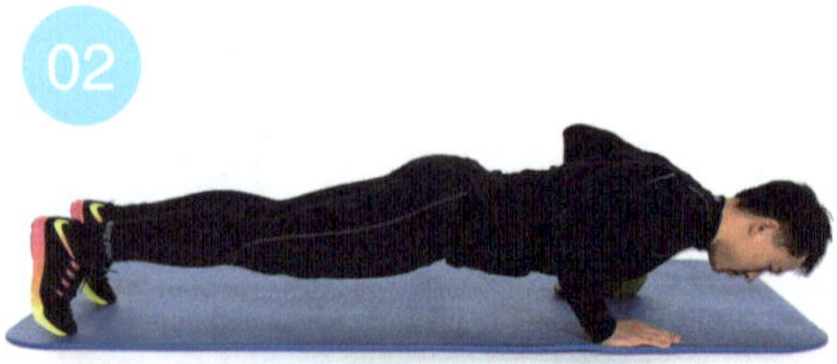

步骤 03

撑垫手臂与双腿发力，将身体稍稍向左推起，使壶铃处于右肩下方，下落时双手交换，左手撑垫，右手按压在壶铃上。

步骤 04

继续向下做俯卧撑，重复动作。

POINT 细节及注意事项

- 核心收紧，保持身体稳定。
- 身体挺直，不能塌腰。

- 下降时撑垫手臂的肘关节不要锁死。

- 手掌撑垫时，手指自然指向前方。

2.4 下肢爆发力训练动作

动作 1 踮脚 – 蹲跳

目标肌肉 腓肠肌、比目鱼肌、股四头肌、臀大肌

动作步骤

步骤 01

直立站姿，双脚开立，距离约与肩同宽，双臂自然放在身体两侧。

步骤 02

双腿屈膝、屈髋，使身体重心快速下降，脚跟离地。双臂跟随向后摆动。

步骤 03

双腿发力上跳，直至髋部打开，腿部完全伸直，同时双臂屈肘上摆。落下时，直接向下缓冲为半蹲姿势，脚尖着地。重复动作。

POINT 细节及注意事项

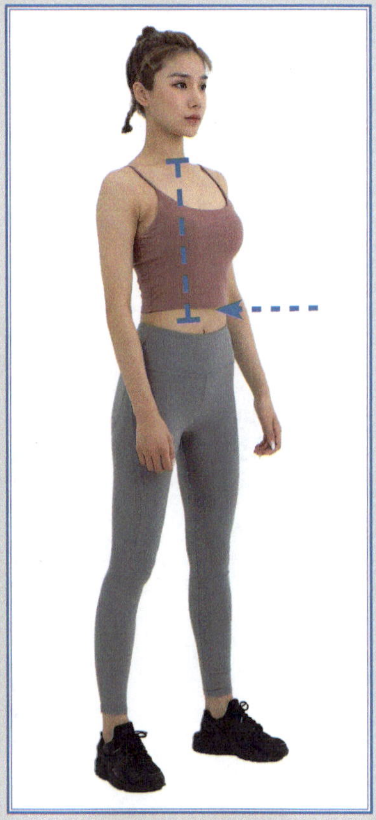

- 全程保持背部挺直，脊柱处于中立位。
- 保持核心收紧。

- 蹲跳动作中，脚跟离地。
- 避免躯干过度前倾。

动作 2 侧向－蹬腿跳

目标肌肉 腓肠肌、比目鱼肌、股四头肌、臀大肌、髋外展肌群、髋内收肌群

动作步骤

步骤 01

直立站姿，双脚并立，双臂自然放在身体两侧。

步骤 02

双腿屈膝、屈髋，上身前俯。双臂屈肘，双手握拳放在身体前侧，拳心相对。

步骤 03

保持上身姿势不变，左脚蹬地发力，使身体向右侧跳出一步。右脚落地，左脚随之落在右脚旁。

步骤 04

换右脚蹬地发力，使身体向左侧跳出一步。左脚落地，右脚随之落在左脚旁。重复动作。

POINT 细节及注意事项

- 保持核心收紧。

- 保持背部挺直。

变式动作推荐

小丑跳

双手叉腰，双腿下蹲，脚尖撑地，双脚与双腿均向两侧打开。然后向上跳并向一侧伸直该侧腿，再次跳起时恢复初始姿势，另一侧动作要求相同，交替进行。

动作 3 侧向 – 跳跃

目标肌肉 臀大肌、股四头肌、腓肠肌、比目鱼肌

动作步骤

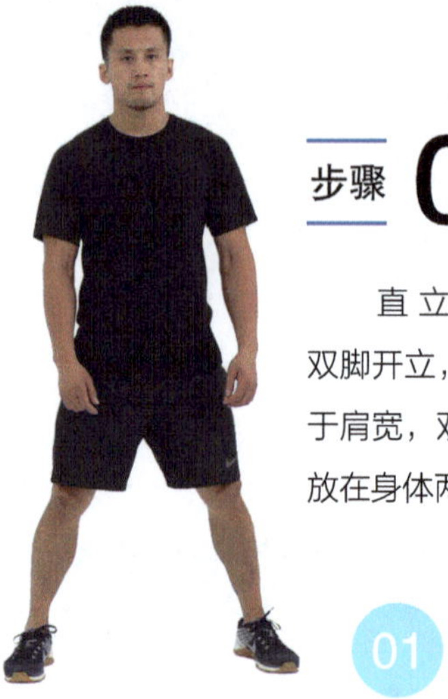

步骤 01

直立站姿，双脚开立，距离大于肩宽，双臂自然放在身体两侧。

步骤 02

双腿屈膝、屈髋，下蹲降低身体重心。下蹲的同时双臂屈肘，双手握拳放在身体前侧，拳心相对。

步骤 03

左脚蹬地使身体向右侧偏，然后右脚蹬地伸膝伸髋向右侧跳起。

步骤 04

双脚落地后，恢复屈膝、屈髋、双臂屈肘的低重心姿势。可连续向一侧跳跃，向另一侧跳跃时动作要点相同。

POINT 细节及注意事项

- 落地时，双膝打开方向与双脚保持一致。

动作 4 半蹲 – 平移跳

目标肌肉 臀大肌、臀中肌、股四头肌、腓肠肌、比目鱼肌

动作步骤

步骤 01

直立站姿，双脚开立，距离约与肩同宽，双臂自然放在身体两侧。

步骤 02

双腿屈膝、屈髋，下蹲降低身体重心，呈半蹲姿势。双臂屈肘，双手握拳放在身体前侧，拳心相对。

步骤 03

保持上身姿势不变，左脚向左侧平移跳出一步，左脚落地时，右脚提起跟随，落在左脚旁，脚尖点地。

步骤 04

换右脚向右侧平移跳出一步，右脚落地时，左脚提起跟随，落在右脚旁，脚尖点地。重复动作。

POINT 细节及注意事项

- 保持核心收紧。

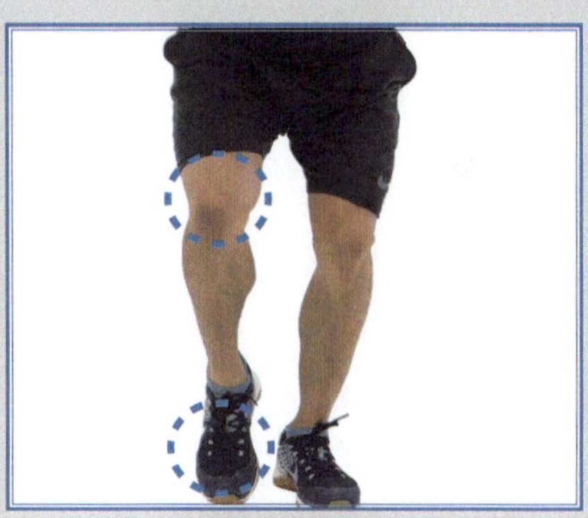

- 发力跳起和单脚支撑落地时，膝关节打开方向与脚尖一致。

变式动作推荐

侧向半蹲跳

与“半蹲 - 平移跳”的区别在于，该动作向一侧跳起和落下时，双脚同时着地，从脚尖着地过渡至全脚掌着地，且带有摆臂动作，即起跳前向后摆臂，起跳时向上摆臂。

动作 5 纵跳 – 收腿

目标肌肉 股四头肌、腘绳肌、臀大肌

动作步骤

步骤 01

直立站姿，双脚开立，距离约与肩同宽，双臂自然放在身体两侧。

步骤 02

双腿屈膝、屈髋，下蹲降低身体重心，身体前倾至大腿约与地面平行。下蹲的同时双臂向前伸直。

步骤 03

双腿发力快速上跳，屈曲膝部，尽量让膝部靠近胸部，跳起的同时双臂下摆。落地后恢复下蹲姿势，同时双臂向前伸直。重复动作。

03

POINT 细节及注意事项

- 保持背部挺直。

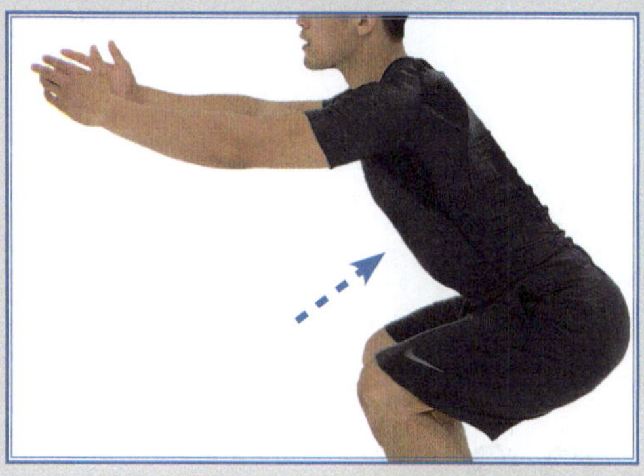

- 保持核心收紧。

变式动作推荐

对侧肘碰膝垫步跳

用双脚开立的直立站姿做准备，然后右腿蹬地发力，左腿屈膝尽力向胸部靠近，右臂屈肘，用肘部贴左膝；左腿落地后蹬地发力，右腿屈膝尽力向胸部靠近，左臂屈肘，用肘部贴右膝。重复动作。

动作 6 半蹲－踢臀跳

目标肌肉 股四头肌、腘绳肌 、小腿肌群 、 臀部肌群

动作步骤

步骤 01

直立站姿，双脚开立，距离约与肩同宽，双臂自然放在身体两侧。

步骤 02

双腿屈膝、屈髋，下蹲降低身体重心。下蹲的同时双臂屈肘，双手握拳放在身体前侧，拳心相对。

步骤 03

双腿发力快速上跳，跳起时双腿向后屈膝，脚跟踢向臀部，同时双臂下摆。落地后恢复下蹲、双臂在身体前侧屈肘的姿势。重复动作。

POINT 细节及注意事项

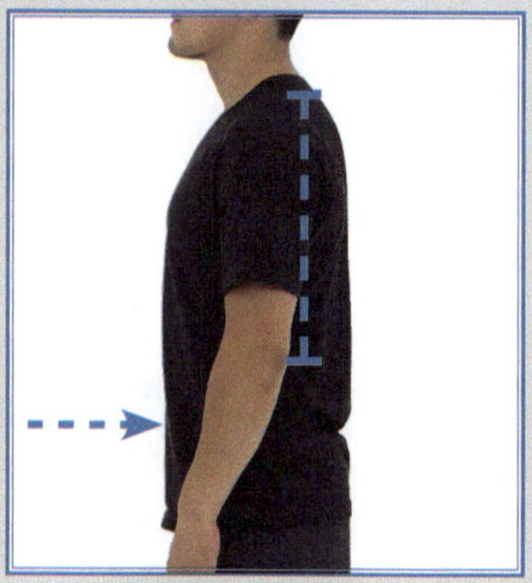

- 保持核心收紧。
- 保持背部挺直。

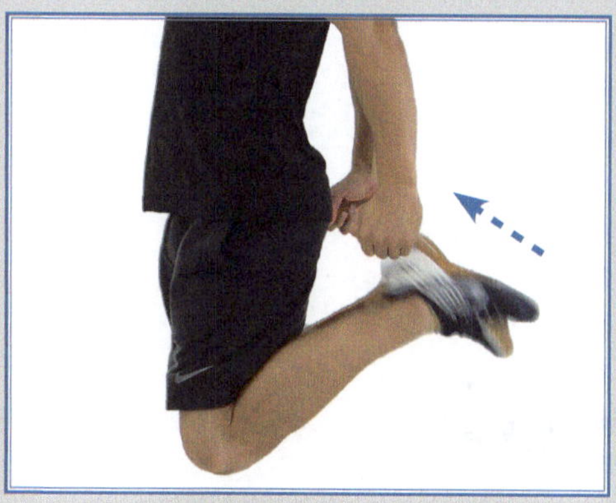

- 脚跟尽力踢向臀部。

变式动作推荐

弹力带 – 跳跃踢臀

利用弹力带进行跳跃踢臀练习。弹力带的两头在身后固定，弹力带绕过腹部，保持弹力但不紧绷。动作要求与“半蹲 –踢臀跳”相同。

动作 7 双腿－踢臀跳

目标肌肉 臀大肌、股四头肌、腘绳肌、比目鱼肌、腓肠肌

动作步骤

步骤 01

直立站姿，双脚开立，双手叉腰。

步骤 02

双腿向后屈膝快速原地起跳，尽量保持大腿垂直于地面，使脚跟向后尽可能地踢到臀部，落地时注意缓冲。重复动作。

POINT 细节及注意事项

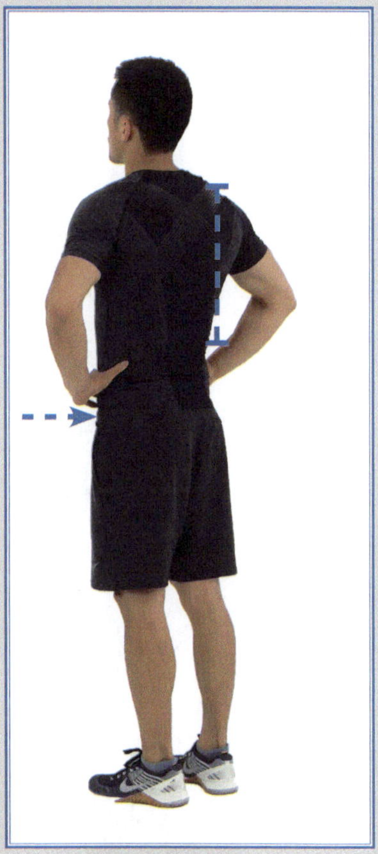

- 保持核心收紧。
- 保持背部挺直。

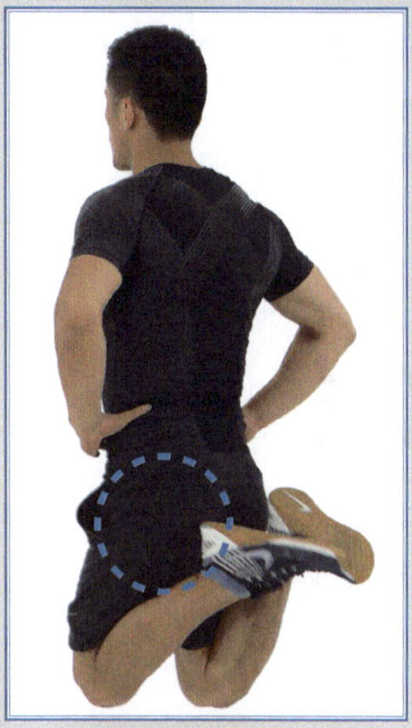

- 臀部肌肉收紧。

变式动作推荐

交替踢臀跳

双手向后，手背贴在臀部上方位置，上身保持挺直状态，双腿交替进行踢臀跳。

动作 8 垂直 – 登山

目标肌肉 股四头肌、腓肠肌、比目鱼肌、髂腰肌

动作步骤

步骤 01

直立站姿，双脚开立，距离约与肩同宽，双臂自然放在身体两侧。

01

步骤 02

右脚蹬地发力，左腿借力上抬，膝部尽量上提；同时右臂屈肘上抬，配合维持身体平衡。

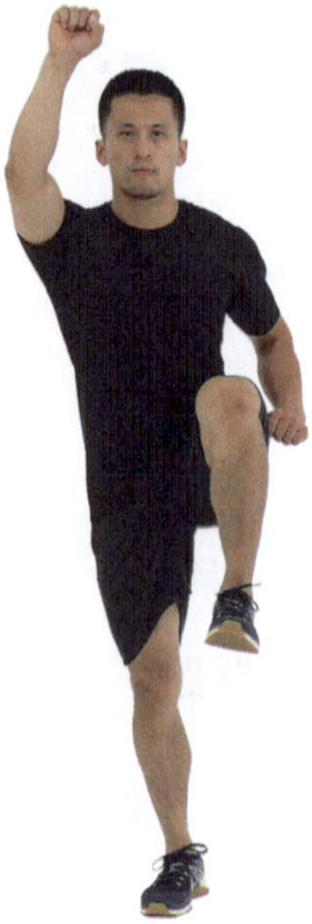

02

步骤 03

左腿落下，左脚触地的瞬间蹬地发力，右腿借力上抬，膝部尽量上提；同时左臂屈肘上抬，配合维持身体平衡。重复动作。

03

POINT 细节及注意事项

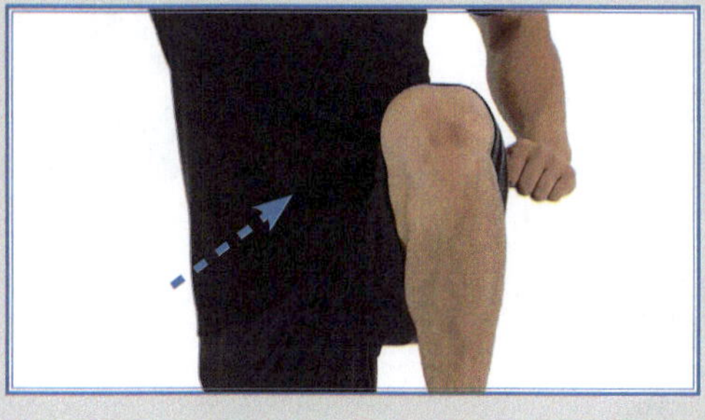

- 保持核心收紧。

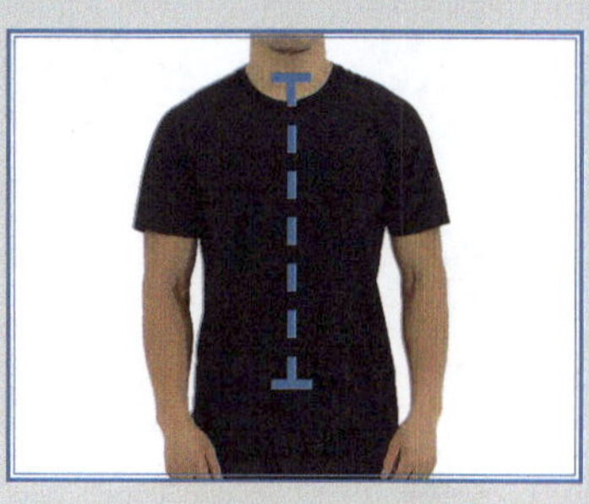

- 保持躯干挺直。

变式动作推荐

垫步军步

与“垂直 - 登山”的区别在于，该动作双腿交替屈膝上提并落地后，有一个小小的垫步，垫步可以让腿抬得更高。另外，双臂要配合摆动。

动作 9 屈膝跳

目标肌肉 股四头肌、臀大肌、腘绳肌

动作步骤

步骤 01

直立站姿，双脚并立，双臂自然放在身体两侧。

步骤 02

双腿屈膝、屈髋约 45 度，身体重心下降，双臂屈肘，放在身体前方，右手的掌心贴合左手的手背。

步骤 03

双腿发力上跳，双膝上提，尽量向胸部靠近，双手手掌向下贴合双膝。

步骤 04

双膝与双手手掌接触后，双腿落下，恢复屈膝、屈髋、双臂屈肘的姿势，接着再恢复初始姿势。重复动作。

04

POINT 细节及注意事项

● 落地时注意缓冲，前脚掌先着地，过渡到全脚掌着地。

● 保持背部挺直。

变式动作推荐

收腿跳

与“屈膝跳”不同的是，收腿跳跳动时双臂配合进行摆臂，即起跳前双臂后摆，起跳时双臂上摆，且起跳前不用刻意降低身体重心。跳起的双腿动作要求相同。

动作 10 高抬腿触地

目标肌肉 股四头肌、臀大肌、腘绳肌、腓肠肌、比目鱼肌

动作步骤

步骤 01

直立站姿，双脚并立，双臂自然放在身体两侧。

01

步骤 02

双腿轮流高抬，做高抬腿动作，一侧腿抬起时，对侧手臂屈肘上抬。每侧腿抬起两次。

02

步骤 03

恢复初始姿势，原地深蹲，大腿蹲至大约与地面平行，单侧手触地。重复动作。

POINT 细节及注意事项

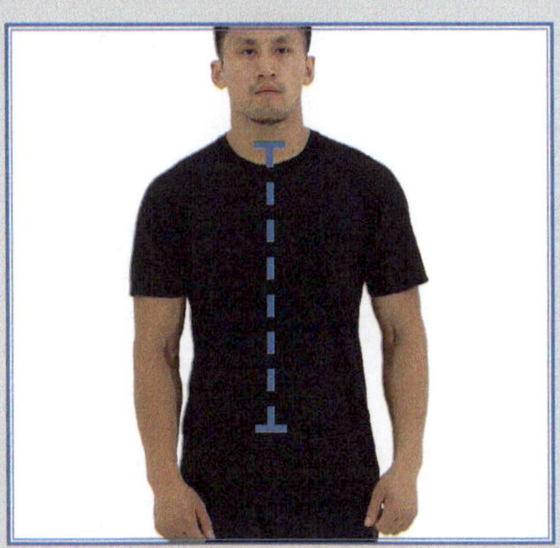

- 保持躯干挺直。

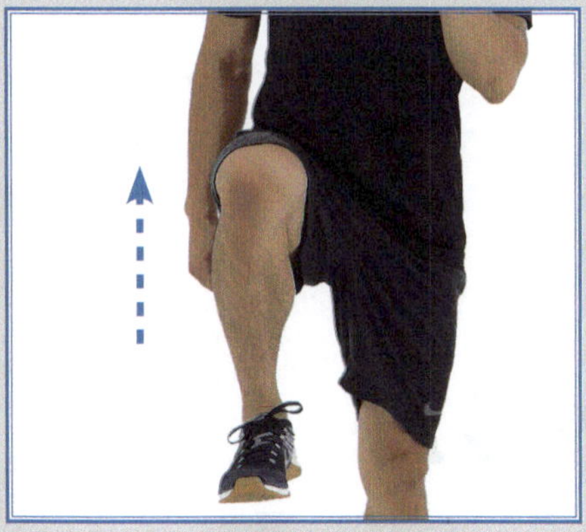

- 抬腿时尽量抬高。

动作 11　高抬腿跑

目标肌肉　股四头肌、臀大肌、腘绳肌、腓肠肌、比目鱼肌

动作步骤

步骤 01

直立站姿，双脚并立，双臂自然放在身体两侧。

01

步骤 02

身体微微向前倾，双腿轮流做高抬腿动作，向前方跑动。双臂随之进行摆动，前摆时屈肘。

02

POINT 细节及注意事项

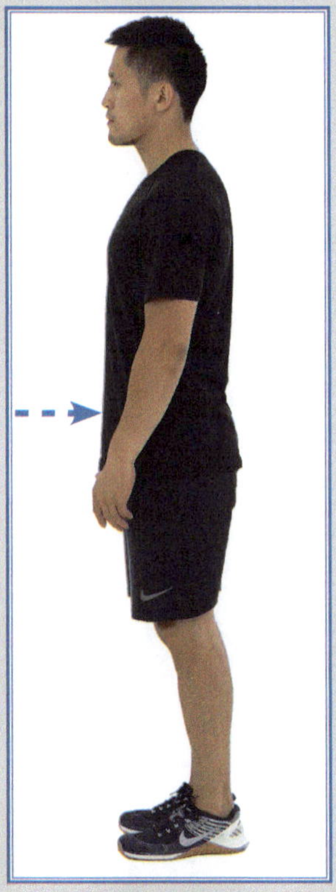

- 保持核心收紧。

- 抬腿时尽量抬高，摆臂时一定要迅速有力。

变式动作推荐

快速抬腿跳

双腿交替向前抬高跳起并跑动，落地时要有一个小小的垫步，双臂配合摆动。

动作 12 高抬腿跳绳

目标肌肉 股四头肌、臀大肌、腘绳肌、腓肠肌、比目鱼肌

动作步骤

步骤 01

直立站姿，双脚开立，距离约与肩同宽，双臂自然放在身体两侧。

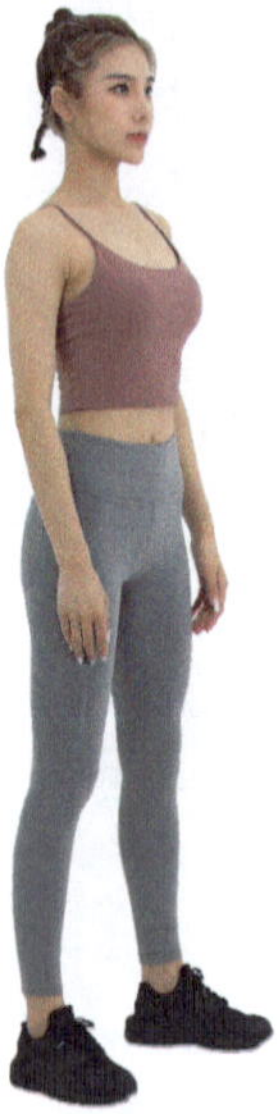

01

步骤 02

双腿轮流做高抬腿动作，支撑腿脚跟离地；双臂曲肘向身体两侧伸展，配合双腿做出摇绳的动作。

02

POINT 细节及注意事项

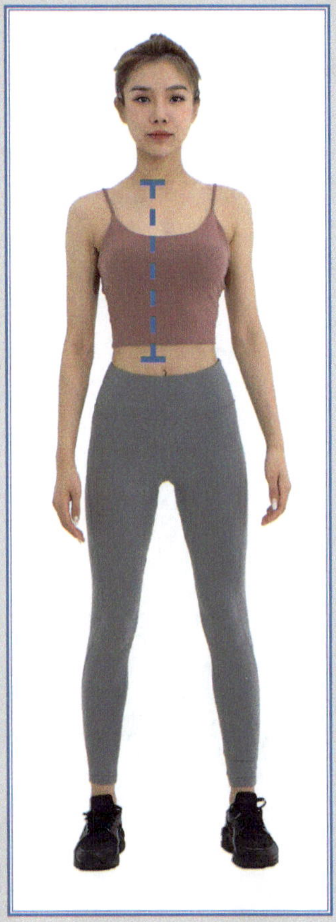

● 保持躯干挺直。

● 抬腿时尽量抬高。

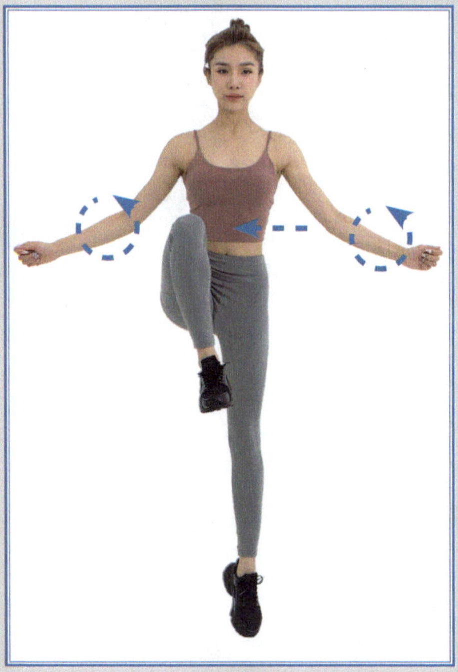

● 保持核心收紧，摆臂时一定要迅速有力。

动作 13 弓步蹲前踢

目标肌肉 股四头肌、臀大肌、腘绳肌、腓肠肌、比目鱼肌

动作步骤

步骤 01

直立站姿，双脚并立，双手叉腰。

步骤 02

屈膝、屈髋，降低身体重心。右腿向后跨一大步，双腿大小腿夹角约为 90 度，呈左弓步姿势。

步骤 03

左腿蹬地发力，提升身体重心，右腿伸直。双手始终保持叉腰。

步骤 04

左脚撑地，右腿向前踢出，然后返回，恢复为左弓步姿势。重复动作。然后换身体另一侧执行同样动作。

04

POINT 细节及注意事项

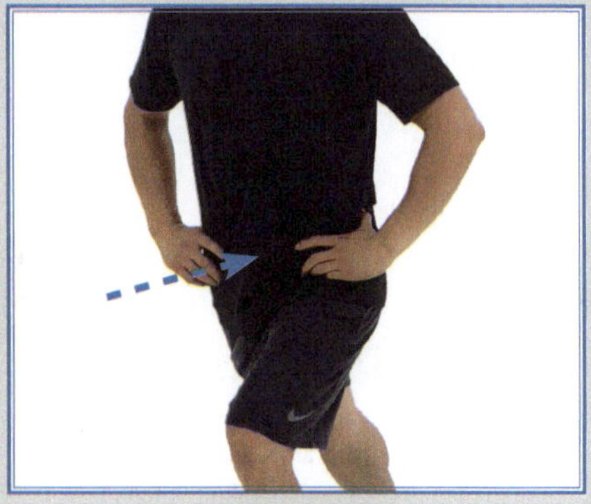

- 保持核心收紧。

- 向前踢腿时，尽量伸直，使大腿与地面平行。

变式动作推荐

交替踢腿

身体直立，双手向前水平打开伸直，掌心向下。一边向前走，一边交替踢腿，脚尖尽量接触该侧掌心。

动作 14 弓步蹲提膝

目标肌肉 股四头肌、臀大肌、腘绳肌、腓肠肌、比目鱼肌

动作步骤

01 02 03

步骤 01

保持直立站姿，双脚并立，双手叉腰。

步骤 02

屈膝、屈髋，降低身体重心。右腿向后跨一大步，双腿大小腿夹角约为 90 度，呈左弓步姿势。

步骤 03

左腿蹬地发力，提升身体重心，右腿伸直。双手始终保持叉腰。

步骤 04

左脚撑地，右腿屈膝，尽力上抬，然后恢复为左弓步姿势。重复动作。然后换身体另一侧执行同样动作。

POINT 细节及注意事项

- 保持核心收紧。

变式动作推荐

深蹲 – 提膝

双臂屈肘，然后做深蹲动作；起身时一侧腿屈膝，尽力向上抬，对侧的手肘同时触碰本侧膝盖。两侧交替进行。

动作 15 弓步蹲跳

目标肌肉 股四头肌、臀大肌、腘绳肌、腓肠肌、比目鱼肌

动作步骤

步骤 01

保持直立站姿，双脚开立。

01

步骤 02

右腿向后跨一大步，屈膝、屈髋，降低身体重心，至双腿大小腿夹角约为 90 度，呈左弓步姿势。然后发力快速上跳。

02

步骤 03

跳起后双脚交换前后方向，右脚在前，左脚在后，变为右弓步姿势。接着再次起跳，双脚交换前后方向。重复动作。

03

POINT 细节及注意事项

● 保持背部挺直。

● 保持核心收紧。

动作 16 交替 – 前踢跳

目标肌肉 股四头肌、腘绳肌、臀大肌、比目鱼肌、腓肠肌

动作步骤

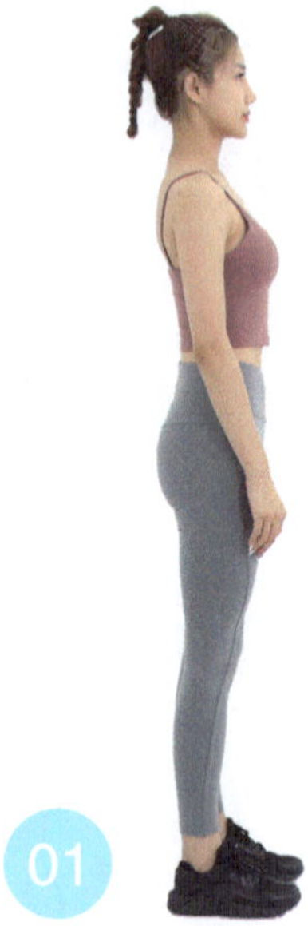

步骤 01

保持直立站姿，双脚并立，双臂自然放在身体两侧。

步骤 02

核心收紧，双臂屈肘，双手握拳放在身前，拳心相对。左腿向前踢出，大腿高度约与髋部同高。

步骤 03

保持躯干与双臂姿势不变，右腿向前踢出，大腿高度约与髋部同高。重复动作。

POINT 细节及注意事项

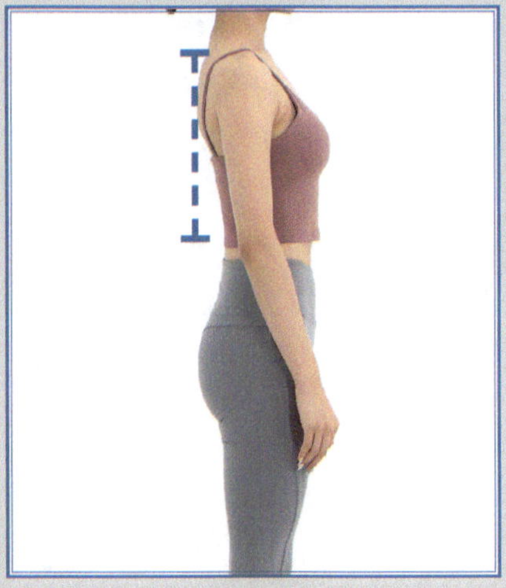

● 保持背部挺直。

● 保持核心收紧。

动作 17 宽窄距－蹲跳

目标肌肉 股四头肌、臀大肌、腘绳肌、腓肠肌、比目鱼肌

动作步骤

步骤 01

身体正直站立，双脚距离大于肩宽。双臂自然放在身体两侧，眼睛看向前方。

步骤 02

双腿屈膝、屈髋，使身体重心下降，双臂屈肘，双手握拳放在身前，拳心相对。上身前倾，身体下降至大腿与地面平行或接近平行。

步骤 03

保持上身姿势不变，双脚同时向中间跳跃，脚尖落地，双脚距离与肩同宽。

步骤 04

双脚再同时向两侧跳跃，全脚掌落地，双脚距离大于肩宽。重复动作。

POINT 细节及注意事项

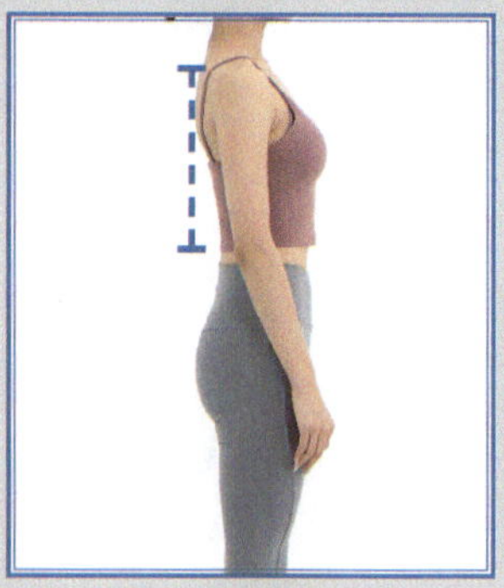

● 保持背部挺直。

● 保持核心收紧。

变式动作推荐

徒手蹲 – 双脚跳

保持双脚开立的站立姿势，双手抬起放在头部后侧，然后重复进行蹲跳。

动作 18 立定跳远

目标肌肉 股四头肌、臀大肌、腘绳肌、腓肠肌、比目鱼肌

动作步骤

步骤 01

身体正直站立，双脚距离约与肩同宽。双臂自然放在身体两侧，眼睛看向前方。

步骤 02

双腿屈膝、屈髋，使身体重心下降；上身前俯，双臂自然后摆。

步骤 03

身体下降至大小腿夹角约为 45 度时，双臂快速后摆，然后快速向前摆动，带动身体向前跳跃。

步骤 04

落地后双臂后摆，身体自然缓冲为屈膝、屈髋、上身前俯的姿势，接着恢复为初始姿势。重复动作。

04

POINT 细节及注意事项

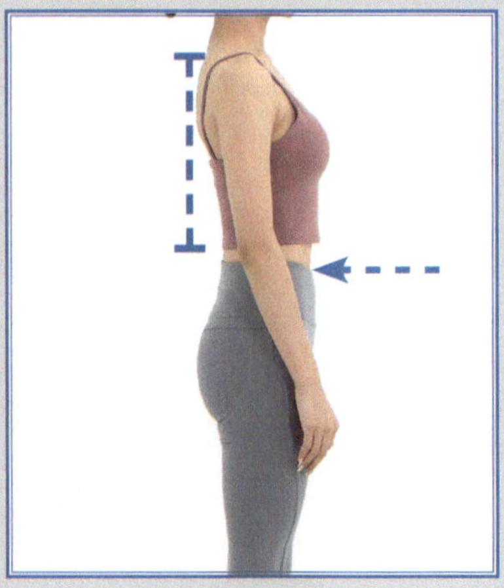

- 保持核心收紧。
- 保持背部挺直。

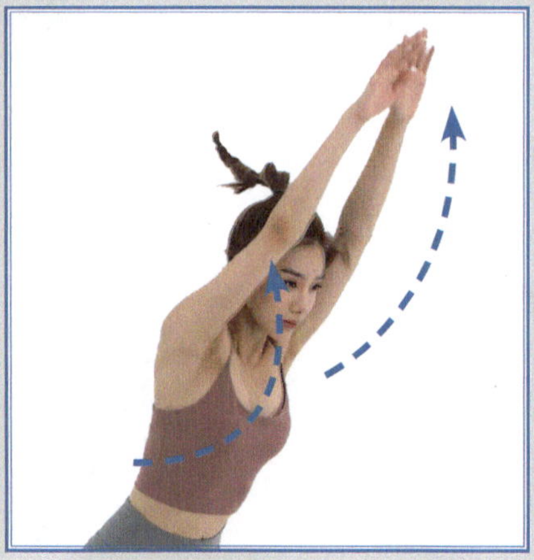

- 手臂前摆时要快速。

变式动作推荐

立定单腿跳远

与“立定跳远”的区别在于，该动作是单腿起跳，起跳腿单腿落地，其他动作要点相同。

动作 19 深蹲跳

目标肌肉 股四头肌、臀大肌、腘绳肌、腓肠肌、比目鱼肌、胫骨前肌

动作步骤

步骤 01

身体正直站立，双脚距离约与肩同宽。双臂自然放在身体两侧，眼睛看向前方。

步骤 02

双腿屈膝、屈髋，使身体重心下降，同时双臂向前水平打开，伸直。上身前倾，身体下降至大腿与地面平行或接近平行。

步骤 03

双腿发力上跳，直至髋部打开，腿部完全伸直，同时双臂下摆。落地后恢复为深蹲姿势，同时双臂向前水平打开，伸直。重复动作。

POINT 细节及注意事项

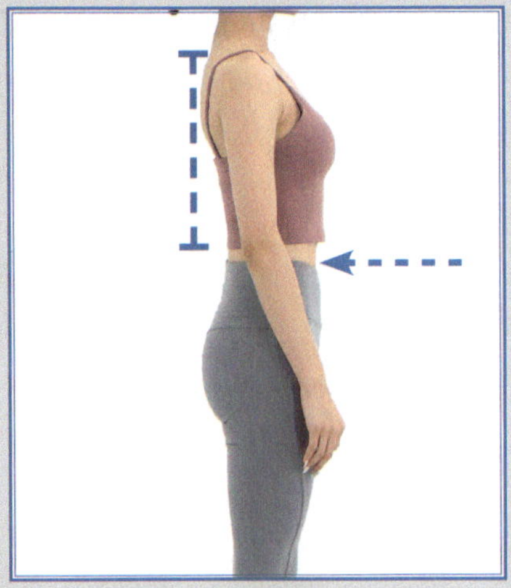

- 保持背部挺直，脊柱处于中立位。
- 保持核心收紧。

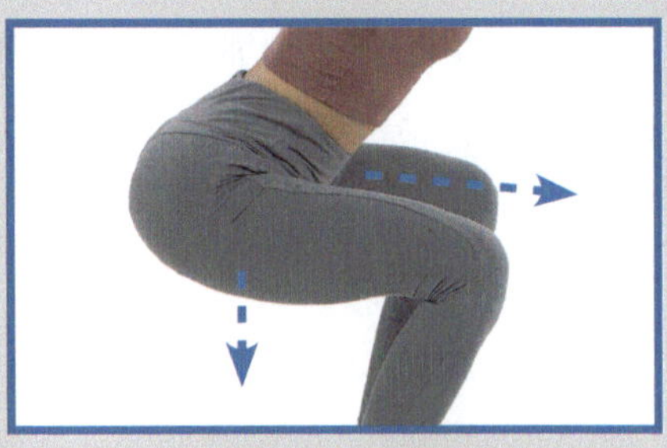

- 下蹲至大腿与地面平行或接近平行。

- 膝盖与脚尖的方向保持一致。

变式动作推荐

哑铃 – 深蹲跳

用哑铃增加负重做深蹲跳。双手在身体两侧各握一个哑铃，保持自然下垂，连续做深蹲跳动作。

动作 20 跳跃－手触地

目标肌肉 臀大肌、股四头肌、腘绳肌、比目鱼肌、腓肠肌

动作步骤

步骤 01

身体正直站立，双脚距离大于肩宽。双臂自然放在身体两侧，眼睛看向前方。

步骤 02

核心收紧，双腿屈膝、屈髋，上身前俯，双臂向下伸直，用指尖触摸地面。

步骤 03

快速向上跳起，上身挺起，膝关节伸直，髋部打开。双臂在身体前方保持伸直。

步骤 04

身体下落后，再次屈膝、屈髋，双臂向下伸直，用双手指尖触摸地面。重复动作。

POINT 细节及注意事项

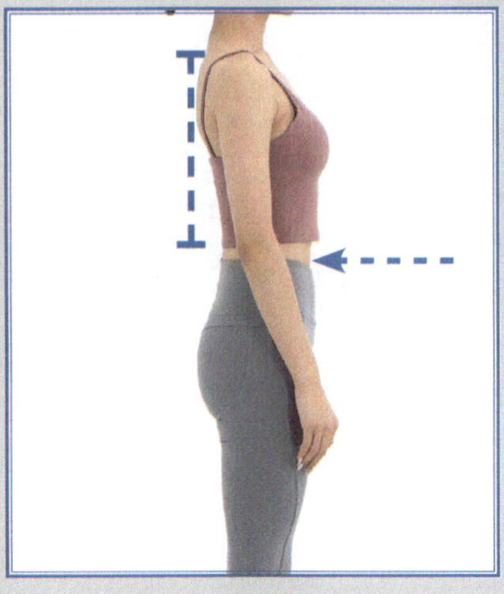

- 保持核心收紧，背部挺直。

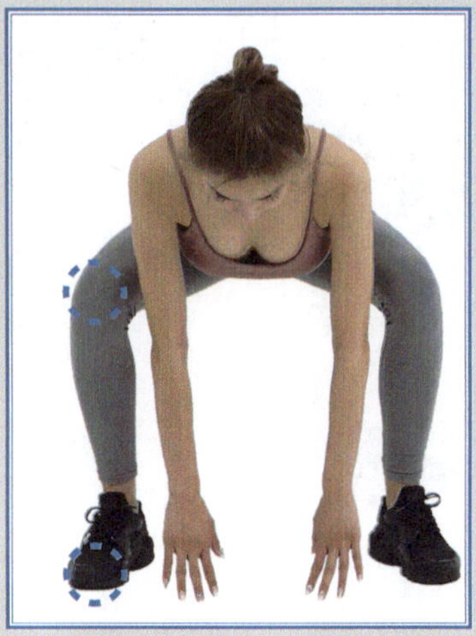

- 膝盖与脚尖的方向保持一致。

动作 21 弓步跳接开脚跳

目标肌肉 臀大肌、股四头肌、腘绳肌、内收肌群

动作步骤

步骤 01

身体正直站立，双脚距离略窄于肩宽，双臂自然放在身体两侧，眼睛看向前方。

步骤 02

双腿屈膝、屈髋，使身体重心下降，右腿往后迈一步，右脚尖撑地，落脚后左腿在前，右腿在后，大小腿夹角约为 90 度。

步骤 03

做前后弓步跳，落脚后右腿在前，左腿在后。

步骤 04

起身恢复为直立站姿，双手叉腰，双脚打开，距离大于肩宽，向上跳起，双脚并拢。重复动作。

POINT 细节及注意事项

- 保持背部挺直。

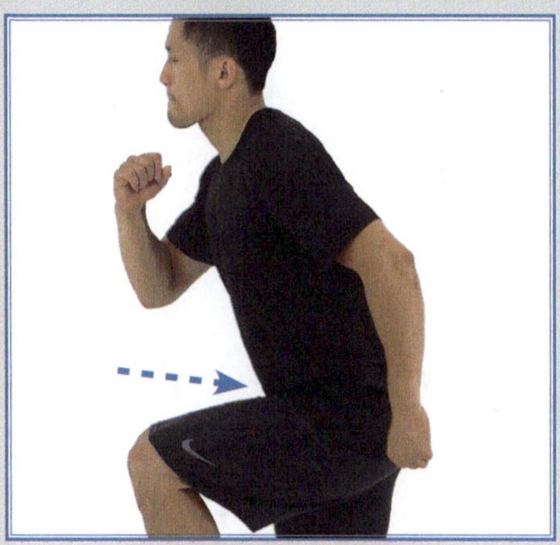

- 保持核心收紧。

变式动作推荐

弓步跳－对角线

采用左弓步姿势做准备，双臂自然后摆。然后双脚起跳，向右后方转体，落地后变为右弓步姿势。如此反复转体跳跃，在左弓步与右弓步姿势之间转换。跳起时手臂上摆。

动作 22 缓冲蹲跳

目标肌肉 股四头肌、臀大肌、腘绳肌、腓肠肌、比目鱼肌

动作步骤

步骤 01

身体正直站立，双脚距离约与肩同宽，双臂自然放在身体两侧，眼睛看向前方。

步骤 02

双腿屈膝、屈髋，使身体重心下降，双臂屈肘，双手握拳放在身前，拳心相对。

步骤 03

双腿发力上跳，直至髋部打开，腿部完全伸直，双臂保持屈肘状态。落下时，直接向下缓冲为蹲姿。重复动作。

POINT 细节及注意事项

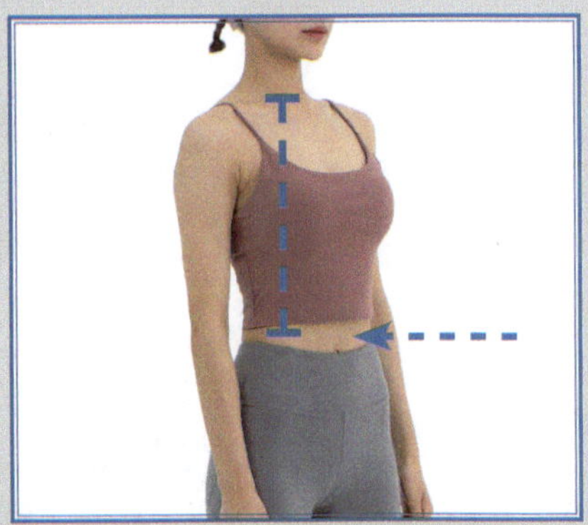

- 保持背部挺直，脊柱处于中立位。
- 保持核心收紧。

- 避免躯干过度前倾。
- 膝盖与脚尖的方向保持一致。

动作 23 杠铃 - 蹲跳

目标肌肉 臀大肌、股四头肌、腓肠肌、比目鱼肌

动作步骤

步骤 01

身体正直站立，双脚距离大于肩宽。将杠铃放在肩后方。双手抓握杠铃，掌心向前。双手距离要大于肩宽。

01

步骤 02

屈膝、屈髋，做下蹲动作，蹲至大腿大致与地面平行。眼睛看向前方，时刻保持背部挺直。

02

步骤 03

双腿发力跳起，使膝关节完全伸展。落下时缓冲为屈膝、屈髋的蹲姿。重复动作。

03

POINT 细节及注意事项

- 保持杠铃为水平状态。
- 保持背部挺直，脊柱处于中立位。

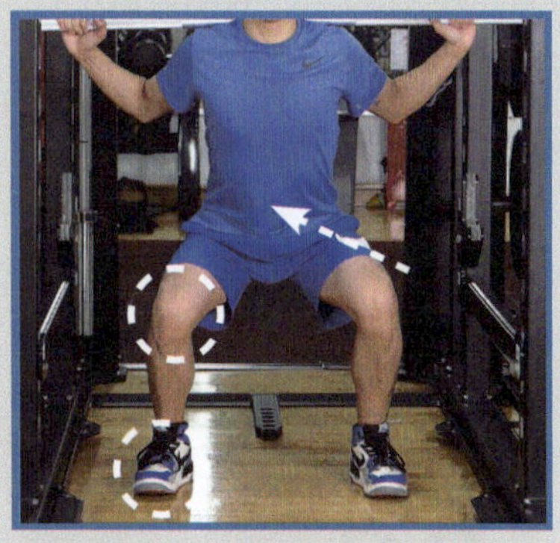

- 避免躯干过度前倾。
- 保持核心收紧。
- 膝盖与脚尖的方向保持一致。

变式动作推荐

药球 – 蹲跳

用药球代替杠铃，双臂屈肘，双手在胸前抱药球连续做蹲跳。

动作 24 KEISER- 后蹬腿

目标肌肉 臀大肌、股四头肌、腓肠肌、比目鱼肌

动作步骤

步骤 01

在训练机上准备好，上身俯靠肩垫稳定，双手抓好把手。双脚分别放在两个脚蹬上，左腿向前屈膝，左大腿与躯干保持约 90 度夹角，右腿蹬直。

01

步骤 02

左腿向后蹬直，右腿向前屈膝。重复动作。

02

POINT 细节及注意事项

- 保持背部挺直，脊柱处于中立位。
- 保持核心收紧。

变式动作推荐

跪姿后蹬腿

身体呈俯卧姿，用双膝、双手支撑身体，保持核心收紧，抬起一侧腿部，向后上方用力蹬去。双腿轮流进行练习。

动作 25 KEISER-坐姿-腿部交替推蹬

目标肌肉 股四头肌、腓肠肌、比目鱼肌

动作步骤

步骤 01

在蹬腿机上坐好，背靠椅背，双手扶好把手。双腿屈膝，双脚放在脚蹬上。

01

步骤 02

保持上身姿势不变，核心收紧，左腿伸膝前蹬至左腿伸直。

02

步骤 03

换右腿伸膝前蹬，左腿屈膝收回。重复动作。

03

POINT 细节及注意事项

- 保持背部挺直。

变式动作推荐

弹力带 – 坐姿 – 单侧蹬腿

坐在椅子上，双手握住弹力带两头，弹力带绕过脚掌，保持弹力带有弹性但不紧绷，然后单脚做蹬弹力带动作。双腿轮流进行练习。

动作 26 KEISER- 坐姿 - 腿部推蹬 - 双腿

目标肌肉 股四头肌、腓肠肌、比目鱼肌

动作步骤

步骤 01

在蹬腿机上坐好，背靠椅背，双手扶好把手。双腿屈膝，双脚放在脚蹬上。

01

步骤 02

保持上身姿势不变，核心收紧，同时伸膝蹬腿，再屈膝收回。重复动作。

02

POINT 细节及注意事项

- 保持背部挺直。

动作 27 栏架－单脚跳－旋转－无摆臂－异侧 90 度

目标肌肉 股四头肌、臀大肌、腓肠肌、比目鱼肌

动作步骤

步骤 01

身体与栏架平行站立，右腿撑地，略屈膝，左腿屈膝悬空，上身前倾，双臂伸直后摆。

步骤 02

右腿蹬地发力，双臂上摆，带动身体向左转体转髋跳起。

步骤 03

跳过栏架后，右脚落地，身体呈右腿屈膝撑地、左腿屈膝悬空、上身前倾、双臂伸直后摆的姿势。重复动作。然后换身体另一侧执行同样动作。

POINT 细节及注意事项

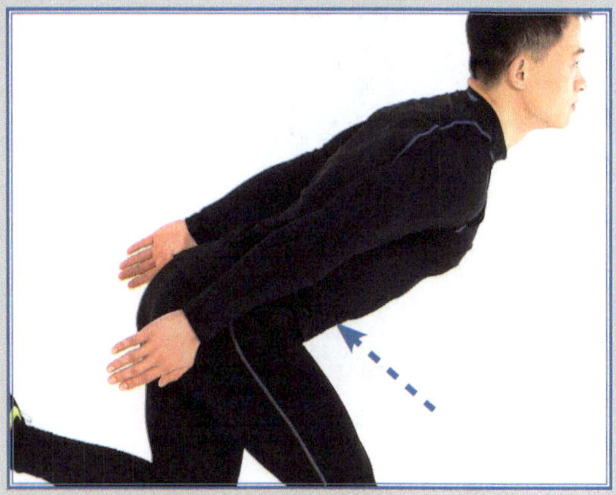

● 保持核心收紧。

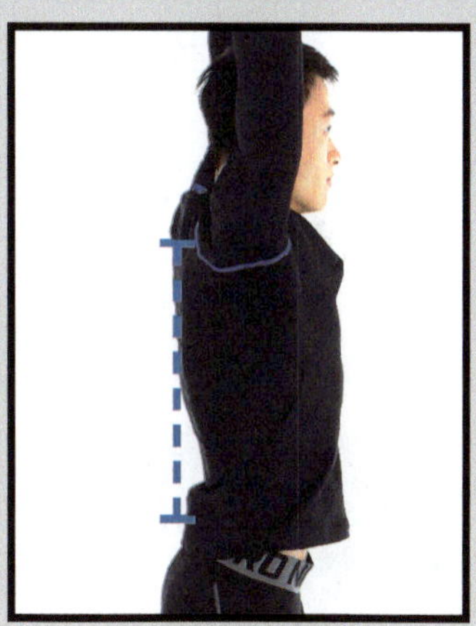

● 保持背部挺直。

变式动作推荐

栏架 – 双脚跳 – 旋转 – 无摆臂 –90 度

该动作与“栏架 -单脚跳 -旋转 -无摆臂 -异侧 90 度”的区别在于改单脚跳为双脚跳，其他要点都相同。

动作 28 栏架 - 单脚跳 - 旋转 - 无摆臂 - 同侧 90 度

目标肌肉 股四头肌、臀大肌、腓肠肌、比目鱼肌

动作步骤

步骤 01

身体与栏架平行站立，左腿撑地，略屈膝，右腿屈膝悬空，上身前倾，双臂伸直后摆。

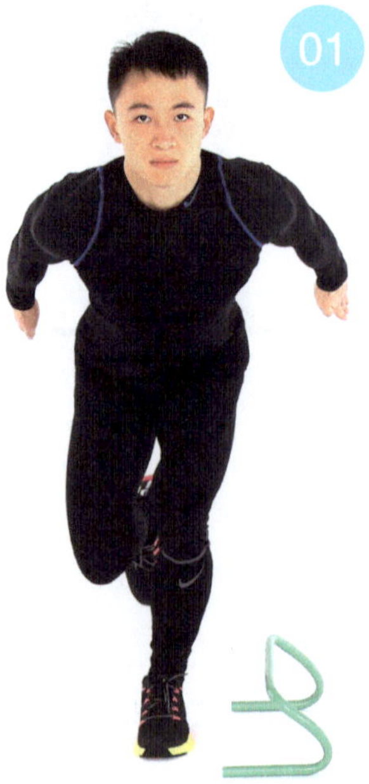

步骤 02

左腿蹬地发力，双臂上摆，带动身体向左转体转髋跳起。

步骤 03

跳过栏架后，左脚落地，身体呈左腿屈膝撑地、右腿屈膝悬空、上身前倾、双臂伸直后摆的姿势。重复动作。然后换身体另一侧执行同样动作。

POINT 细节及注意事项

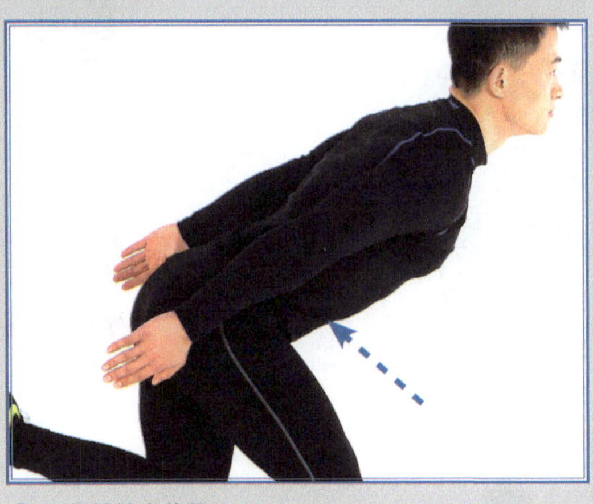

● 保持核心收紧。

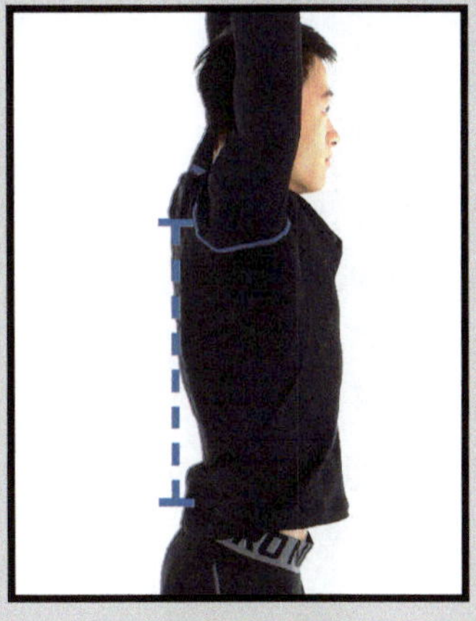

● 保持背部挺直。

动作 29 栏架 – 单脚跳 – 旋转 – 有摆臂 – 异侧 90 度

目标肌肉 股四头肌、臀大肌、腓肠肌、比目鱼肌

动作步骤

步骤 01

身体与栏架平行站立，右腿撑地，左腿屈膝悬空，双臂向头顶上方伸展。

步骤 02

右腿屈膝，屈髋，快速降低身体重心，双臂快速后摆。

步骤 03

右腿蹬地发力，双臂上摆，带动身体向左转体转髋跳起。

步骤 04

跳过栏架后，右脚落地，身体呈右腿屈膝撑地、左腿屈膝悬空、上身前倾、双臂伸直后摆的姿势。恢复为直立姿势，重复动作。然后换身体另一侧执行同样动作。

POINT 细节及注意事项

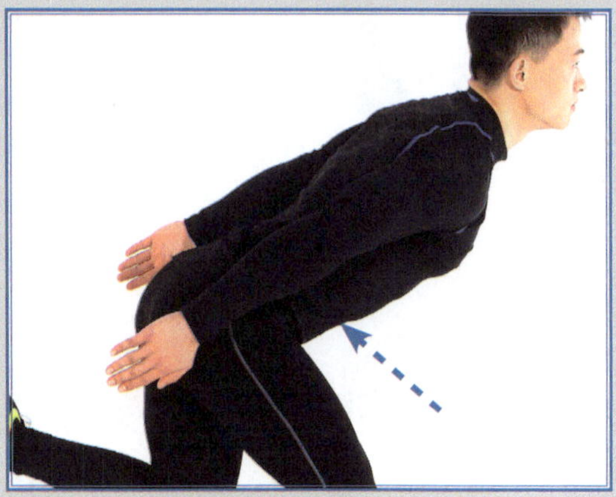

● 保持核心收紧。

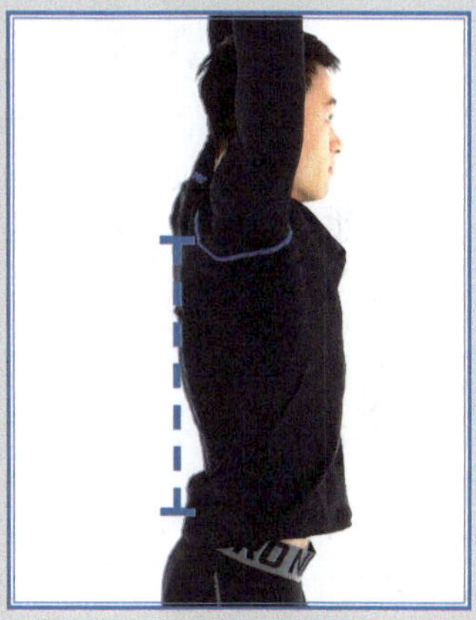

● 保持背部挺直。

变式动作推荐

栏架 – 双脚跳 – 旋转 – 有摆臂 –90 度

该动作与“栏架 -单脚跳 -旋转 -有摆臂 -异侧 90 度”的区别在于改单脚跳为双脚跳，其他要点都相同。

动作 30 栏架 – 单脚跳 – 旋转 – 双接触 – 异侧 90 度

目标肌肉 股四头肌、臀大肌、腓肠肌、比目鱼肌

动作步骤

步骤 01

身体正直站立，左脚踩在跳箱边缘，右脚悬空，双臂自然放在身体两侧。

步骤 02

左腿稍稍屈膝，再蹬箱发力，从跳箱上向右跳下。左脚落地，落在跳箱与栏架之间。

步骤 03

左腿蹬地发力，双臂上摆，向右转体越过栏架。

步骤 04

左脚落地，身体呈左腿屈膝撑地、右腿屈膝悬空、上身前倾、双臂伸直后摆的姿势。恢复为直立姿势，重复动作。然后换身体另一侧执行同样动作。

POINT 细节及注意事项

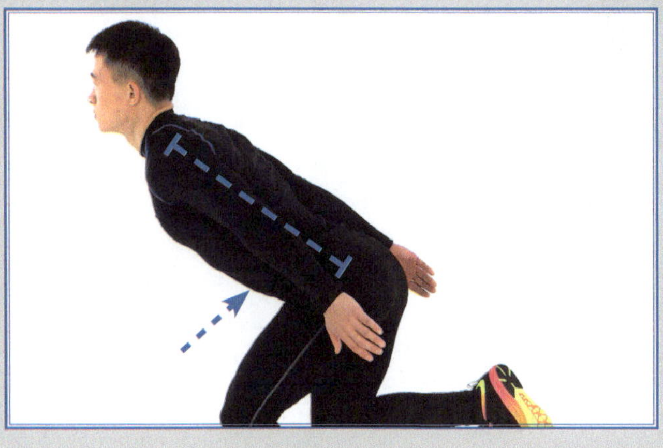

- 保持核心收紧。
- 保持背部挺直。

变式动作推荐

栏架 – 单脚跳 – 横向 – 双接触 – 异侧 90 度

该动作与“栏架 -单脚跳 -旋转 -双接触 -异侧 90 度”的区别在于单脚跳接触地面后，直接横向单脚跳过栏架，没有转体动作。

动作 31 栏架 – 单脚跳 – 旋转 – 双接触 – 同侧 90 度

目标肌肉 股四头肌、臀大肌、腓肠肌、比目鱼肌

动作步骤

步骤 01

身体正直站立，左脚踩在跳箱边缘，右脚悬空，双臂自然放在身体两侧。

步骤 02

左腿稍稍屈膝，再蹬箱用力，从跳箱上向右跳下。右脚落地，落在跳箱与栏架之间。

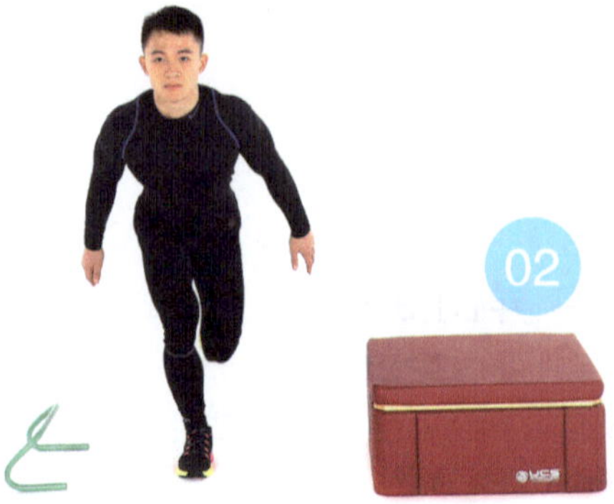

步骤 03

右腿蹬地发力，双臂上摆，向右转体越过栏架。

步骤 04

右脚落地，身体呈右腿屈膝撑地、左腿屈膝悬空、上身前倾、双臂伸直后摆的姿势。恢复为直立姿势，重复动作。然后换身体另一侧执行同样动作。

POINT 细节及注意事项

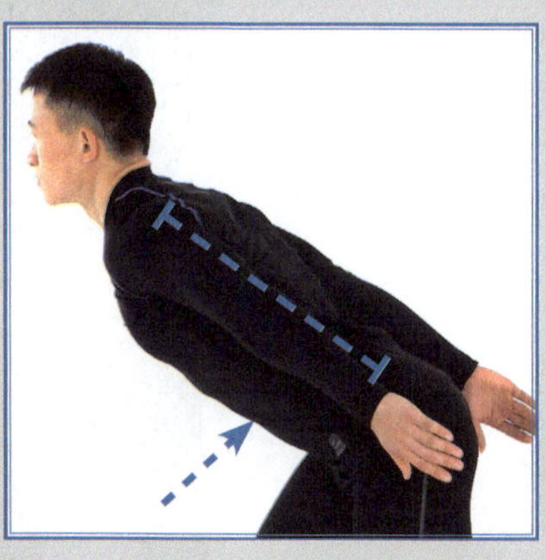

- 保持背部挺直。
- 保持核心收紧。

变式动作推荐

栏架 – 单脚跳 – 横向 – 双接触 – 同侧 90 度

该动作与“栏架 -单脚跳 -旋转 -双接触 -同侧 90 度”的区别在于单脚跳接触地面后，直接横向单脚跳过栏架，没有转体动作。

动作 32 栏架 – 交换跳 – 横向 – 无摆臂

目标肌肉 股四头肌、臀大肌、腓肠肌、比目鱼肌

动作步骤

步骤 01

身体与栏架平行站立，右腿撑地，略屈膝，左腿屈膝悬空，上身前倾，双臂伸直后摆。

步骤 02

右腿蹬地发力，双臂上摆，双腿伸直，带动身体向左平移跳过栏架。

步骤 03

跳过栏架后，左脚落地，身体呈左腿屈膝撑地、右腿屈膝悬空、上身前倾、双臂伸直后摆的姿势。重复动作。然后换身体另一侧执行同样动作。

POINT 细节及注意事项

● 保持背部挺直。

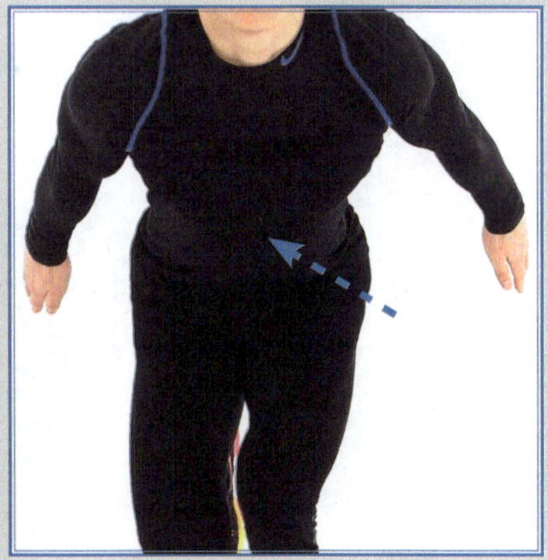

● 保持核心收紧。

变式动作推荐

栏架－交换跳－纵向－无摆臂

该动作与“栏架－交换跳－横向－无摆臂”的基本动作一样，不同的是身体站在栏架后方跳动的方向为纵跳，即从栏架后方出发，向栏架前方进行无摆臂下蹲的交换跳。

动作 33 栏架－交换跳－横向－有摆臂

目标肌肉 股四头肌、臀大肌、腓肠肌、比目鱼肌

动作步骤

步骤 01

身体与栏架平行站立，右腿撑地，左腿屈膝悬空，双臂向头顶上方伸展。

步骤 02

右腿屈膝，屈髋，快速降低身体重心，双臂快速后摆。

步骤 03

右腿蹬地发力，双臂上摆，双腿伸直，带动身体向左平移跳过栏架。

步骤 04

跳过栏架后，左脚落地，身体呈左腿屈膝撑地、右腿屈膝悬空、上身前倾、双臂伸直后摆的姿势。恢复为直立姿势，重复动作。然后换身体另一侧执行同样动作。

POINT 细节及注意事项

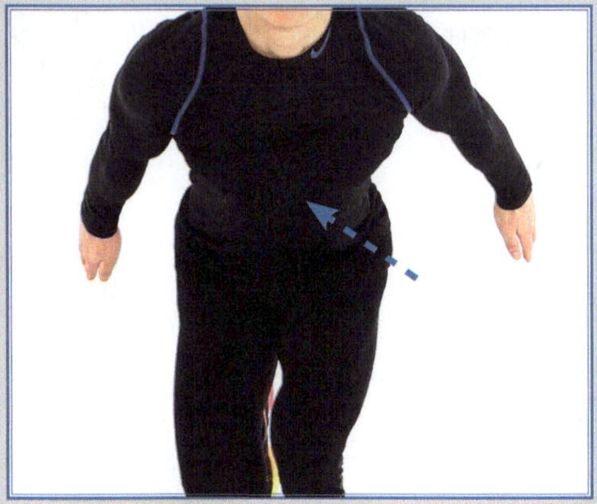

- 保持核心收紧。

变式动作推荐

栏架－交换跳－纵向－有摆臂

该动作与“栏架－交换跳－横向－有摆臂”的基本动作一样，不同的是身体站在栏架后方，跳动的方向为纵跳，即从栏架后方出发，向栏架前方进行有摆臂下蹲的交换跳。

动作 34 栏架 – 交换跳 – 旋转 – 无摆臂 –90 度

目标肌肉 股四头肌、臀大肌、腓肠肌、比目鱼肌

动作步骤

步骤 01

身体与栏架平行站立，右腿撑地，略屈膝，左腿屈膝悬空，上身前倾，双臂伸直后摆。

步骤 02

右腿蹬地发力，双臂上摆，带动身体向左转体转髋跳过栏架。

步骤 03

跳过栏架后，左脚落地，身体呈左腿屈膝撑地、右腿屈膝悬空、上身前倾、双臂伸直后摆的姿势。重复动作。然后换身体另一侧执行同样动作。

POINT 细节及注意事项

● 保持核心收紧。

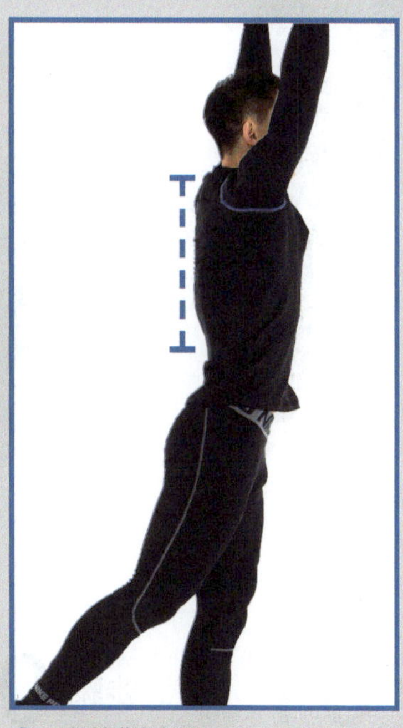

● 保持背部挺直。

动作 35 栏架 – 交换跳 – 旋转 – 有摆臂 –90 度

目标肌肉 股四头肌、臀大肌、腓肠肌、比目鱼肌

动作步骤

步骤 01

身体与栏架平行站立，右腿撑地，左腿屈膝悬空，双臂向头顶上方伸展。

步骤 02

右腿屈膝，屈髋，快速降低身体重心，双臂快速后摆。

步骤 03

右腿蹬地发力，双臂上摆，带动身体向左转体转髋跳过栏架。

步骤 04

跳过栏架后，左脚落地，身体呈左腿屈膝撑地、右腿屈膝悬空、上身前倾、双臂伸直后摆的姿势。恢复为直立姿势，重复动作。然后换身体另一侧执行同样动作。

POINT 细节及注意事项

- 保持核心收紧。

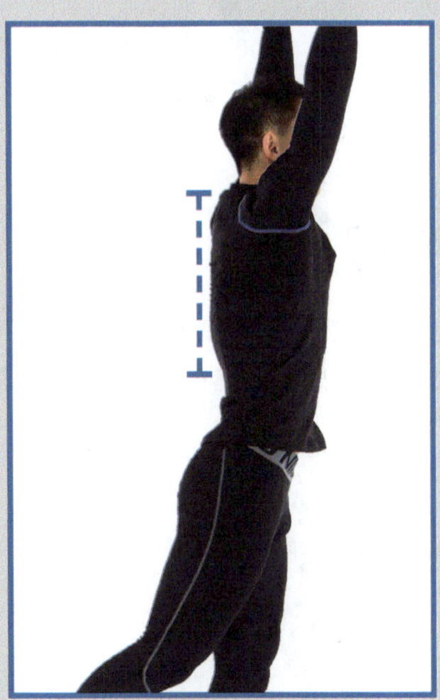

- 保持背部挺直。

动作 36 栏架－交换跳－旋转－双接触－90 度

目标肌肉 股四头肌、臀大肌、腓肠肌、比目鱼肌

动作步骤

步骤 01

身体正直站立，左脚踩在跳箱边缘，右脚悬空，双臂自然放在身体两侧。

步骤 02

左腿稍稍屈膝，再蹬箱发力，从跳箱上向右跳下。左脚落地，落在跳箱与栏架之间。

步骤 03

左腿蹬地发力，双臂上摆，向右转体越过栏架。

步骤 04

右脚落地，身体呈右腿屈膝撑地、左腿屈膝悬空、上身前倾、双臂伸直后摆的姿势。恢复为直立姿势，重复动作。然后换身体另一侧执行同样动作。

POINT 细节及注意事项

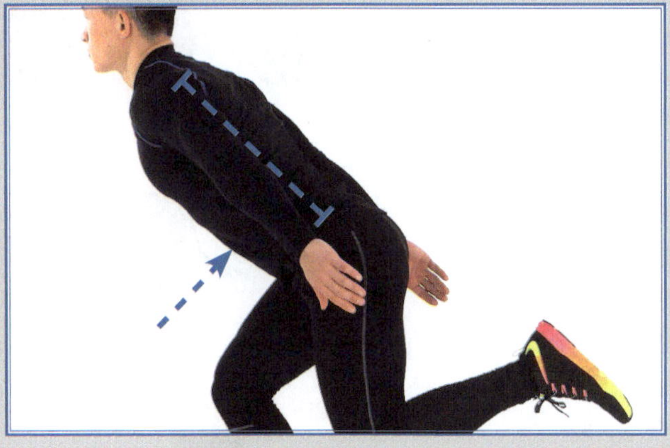

- 保持核心收紧。
- 保持背部挺直。

变式动作推荐

栏架－交换跳－横向－双接触

该动作与“栏架－交换跳－旋转－双接触－90 度”相比少了一个转体动作，即从跳箱上跳下后，直接进行横向的交换跳。

动作 37 弹力带 – 阻力跳箱

目标肌肉 臀大肌、股四头肌、腓肠肌

动作步骤

步骤 01

在跳箱前站好。将弹力带的两头固定起来，中间绕过腰部，保持弹力带张开，有一定弹力但不紧绷。稍稍屈膝、屈髋，上身前倾，双臂自然放在身体两侧。

步骤 02

双臂快速向前、向上摆动，双脚蹬地，带动身体跳上跳箱。

步骤 03

跳上跳箱后，身体呈屈膝、屈髋、上身前倾、双臂后摆的姿势。恢复为初始姿势，重复动作。

03

POINT 细节及注意事项

- 保持核心收紧。

- 保持背部挺直。

变式动作推荐

跳箱 – 连续跳箱

使用两个高度不同的跳箱，进行连续跳箱练习，即双脚跳上第一个低一些的跳箱后，再次起跳，跳上另一个更高的跳箱。“弹力带 -阻力跳箱”用弹力带提升阻力，“跳箱 -连续跳箱”则增加一个跳箱来提升动作负荷。

动作 38 跳上跳箱

目标肌肉 腘绳肌、股四头肌、小腿肌群、臀部肌群、外展肌群

动作步骤

面对跳箱正直站立，双臂自然放在身体两侧。双臂伸直摆向头顶上方。双脚蹬地发力，双臂下摆后上摆，带动身体跳上跳箱。 跳上跳箱后，身体呈屈膝、屈髋、上身前倾、双臂后摆的姿势。 恢复为初始姿势，重复动作。

POINT 细节及注意事项

- 保持核心收紧。

变式动作推荐

跳箱 – 单腿跳

该动作与“跳上跳箱”的区别在于改双腿跳上跳箱为单腿跳上跳箱，练习者单腿起跳，在跳箱上单腿落地支撑身体。其他动作要点相同。

动作 39 跳箱 – 跳深练习

目标肌肉 下肢肌群

动作步骤

步骤 01

身体正直站立，右脚踩在跳箱边缘，左脚向前悬空，双臂向头顶上方伸直。

01

步骤 02

右腿支撑好身体，控制身体重心逐渐向前，然后右腿稍稍屈膝，再用力蹬出，从跳箱上跳下，双脚落地，屈膝。右腿蹬地发力，然后向上跳起。

02

步骤 03

双脚落地，身体呈直立姿势。重复动作。然后换身体另一侧执行同样动作。

POINT 细节及注意事项

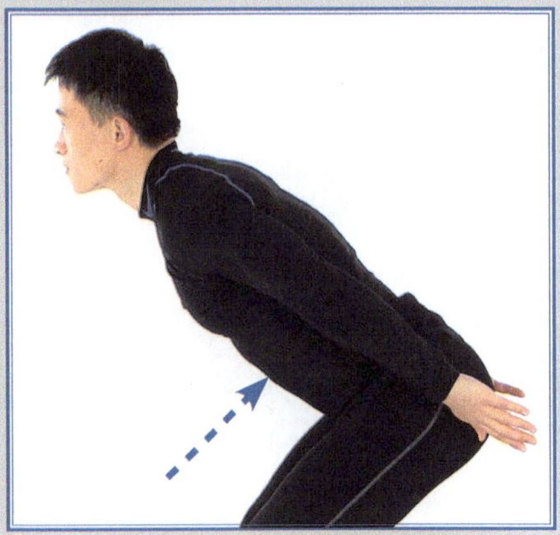

● 保持核心收紧。

● 保持背部挺直。

变式动作推荐

跳箱 – 跳深 – 纵向跳远

该动作在“跳箱 -跳深练习”的基础上，添加了一个跳远动作，即在跳深动作结束后，紧接着向前做一个跳远动作。

2.5 全身爆发力训练动作

动作 1 登山者

目标肌肉 臀大肌、股四头肌、髂腰肌、腹直肌

动作步骤

步骤 01

在瑜伽垫上呈俯卧撑姿，双手距离与肩同宽，手臂伸直，手指向前；双脚脚尖撑垫。肩部、背部、臀部、踝部在一条直线上。核心收紧。

步骤 02

右腿快速屈膝抬起，大腿尽量靠近躯干，然后回到初始位置。

步骤 03

换左腿快速屈膝抬起，大腿尽量靠近躯干，然后回到初始位置。双腿轮流屈膝做登山动作。

POINT 细节及注意事项

- 保持核心收紧。
- 保持背部挺直。

变式动作推荐

迷你带－登山练习

在双脚上套上迷你带，环绕双脚的脚面与脚底，然后做登山动作。其他动作与“登山者”动作要求一致。

动作 2 杠铃抓举

目标肌肉 股四头肌、肱二头肌、腘绳肌、 肱三头肌、斜方肌、臀部肌群

动作步骤

站在杠铃后方，双脚距离大于肩宽，屈膝、屈髋，上身前俯；双手抓握杠铃，掌心向后，双手距离大于肩宽，约是肩宽的 2 倍。

核心收紧，伸膝、展髋，将杠铃拉至大腿中部位置。

双腿发力，双臂借助双脚、腿部、臀部肌肉的力量，将杠铃抓举至头顶上方，同时屈膝、屈髋，身体重心下降，缓冲杠铃带来的压力。

保持双臂支撑杠铃，伸膝、挺髋，身体站直。短暂停留后，再将杠铃放下。重复动作。

POINT 细节及注意事项

- 保持核心收紧。
- 保持背部挺直。
- 在动作顶点保持动作短暂停留。
- 在初始姿势中，双腿胫骨接近杠铃杆。

动作 3 杠铃悬垂高翻

目标肌肉 股四头肌、肱二头肌、腘绳肌、肱三头肌、斜方肌、臀部肌群

动作步骤

站在杠铃后方，双脚距离大于肩宽。双手抓握杠铃，使杠铃停留在大腿上方位置。双臂伸直。

屈髋，背部挺直，将杠铃下降至大腿中部，保持杠铃悬垂。

双脚发力，踮起脚尖，伸膝、伸髋，上身挺起，同时双臂屈肘，双手抓起杠铃并向前上方翻起；将杠铃放在身前肩部上方，手心朝上。杠铃放在肩部上方的同时，稍稍屈膝、屈髋，缓冲杠铃带来的压力。

伸膝、挺髋，保持杠铃稳定，再将杠铃放下。重复动作。

POINT 细节及注意事项

- 保持核心收紧。
- 保持背部挺直。

动作 4 杠铃高翻

目标肌肉 腘绳肌、股四头肌、小腿肌群、斜方肌 、肩部、臀部肌群

动作步骤

站在杠铃后方，双脚距离与髋同宽，屈膝、屈髋，上身前俯，双手抓握杠铃，握距略比肩宽，背部挺直。

核心收紧，伸膝伸髋，将杠铃拉至膝盖下方。

继续拉杠铃，当杠铃位于膝关节上方时，向前挺髋，伸膝、跖屈，杠铃尽可能贴近身体，直至身体完全伸展开，耸肩然后屈肘，下蹲至 1/4 处，将杠铃放在身前肩部上方，手心向上。杠铃放在肩部上方的同时，微微屈膝、屈髋来缓冲。

伸膝、挺髋，保持杠铃稳定，再将杠铃放下。重复动作。

POINT 细节及注意事项

- 保持核心收紧。
- 保持背部挺直。
- 在初始姿势中，双腿胫骨接近杠铃杆。

动作 5 KEISER- 半蹲姿 - 展体

目标肌肉 臀大肌、股四头肌、腓肠肌、比目鱼肌、斜方肌、三角肌后束

动作步骤

步骤 01

在器械前做好准备姿势，双腿分开，双脚距离略大于肩宽，屈膝、屈髋，双手握住绳索把手。保持背部挺直。

01

步骤 02

降低身体重心，直到大腿接近水平。然后双膝伸直起跳，展髋，使身体完全展开，双臂也用力向头顶两侧的侧上方拉动绳索，保持肘部微屈。

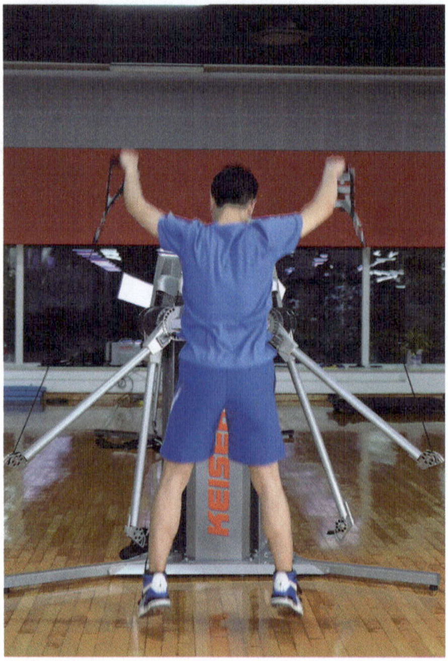

02

步骤 03

落下，恢复为初始姿势。重复动作。

POINT 细节及注意事项

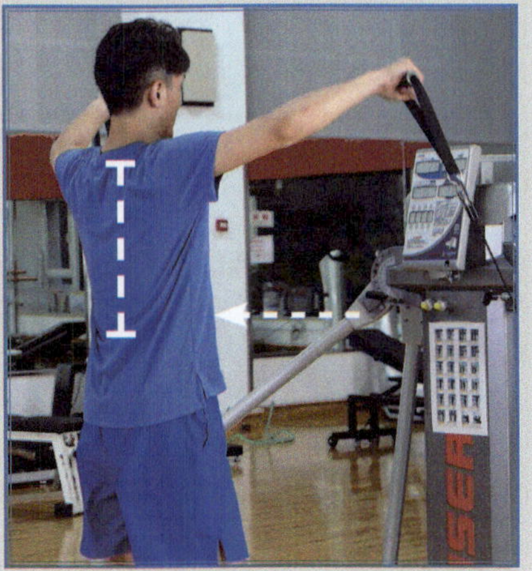

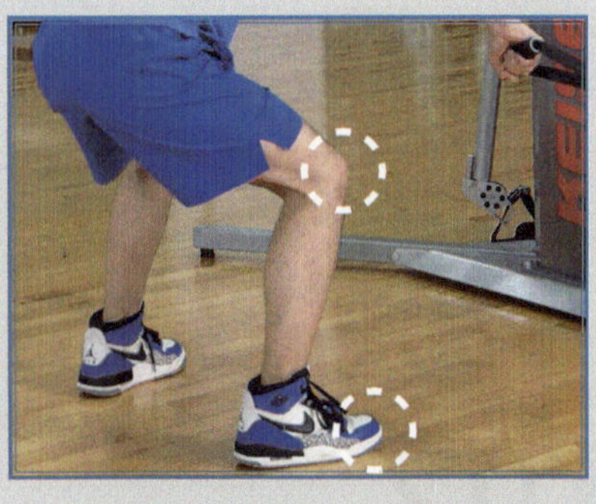

- 脊柱处于中立位。
- 保持核心收紧。
- 膝盖与脚尖的方向保持一致。

变式动作推荐

弹力带－蹲跳

身体以半蹲姿势做准备。将弹力带的中间固定起来，双手在身体两侧握紧弹力带的两头，保持弹力带张开，有一定弹力但不紧绷。身体下蹲，接着向上跳跃，双臂随之向上摆动、打开。然后身体落下，恢复为初始姿势。

动作 6 KEISER- 半蹲姿 - 推举

目标肌肉 臀大肌、股四头肌、腓肠肌、比目鱼肌、三角肌、肱三头肌

动作步骤

步骤 01

背对器械，屈膝、屈髋，以深蹲姿势做准备；双手在身体两侧握住绳索把手，与双耳齐高，屈肘。保持背部挺直，眼睛向前看。

01

步骤 02

降低身体重心，然后双膝伸直起跳，展髋，使身体完全展开，双臂伸肘打开，用力向头顶上方拉动绳索。

02

步骤 03

落下，恢复为初始姿势。重复动作。

POINT 细节及注意事项

- 保持背部挺直，脊柱处于中立位。
- 保持核心收紧。
- 膝盖与脚尖的方向保持一致。
- 避免躯干过度前倾。

动作 7 药球 – 分腿姿 – 平行扔球

目标肌肉 腹直肌、腹外斜肌、肩关节周围肌群、下肢肌群

动作步骤

步骤 01

以分腿姿站立，右脚在前，左脚在后，双膝微屈。双手在身体腰腹部前方抱稳药球。保持双臂屈肘。

01

步骤 02

躯干向左下方旋转，把药球拉向髋部左侧。屈髋、屈膝，降低身体重心，左腿屈膝程度更大。

02

步骤 03

身体右转发力，由髋部带动躯干、肩部、手臂向右旋转，把力传递到药球上，尽可能用力快速地将药球平行扔向前方。恢复为初始姿势，重复动作。然后换身体另一侧执行同样动作。

POINT 细节及注意事项

- 保持核心收紧。
- 尽量用最大力气扔球。

变式动作推荐

药球－直立姿－平行扔球

采用双脚站立的直立姿进行平行扔球练习，其他要点和分腿姿动作相同。注意双脚的距离要稍稍大于肩宽。

动作 8 药球 – 分腿姿 – 侧向扔球 – 异侧

目标肌肉 腹直肌、腹外斜肌、肩关节周围肌群、下肢肌群

动作步骤

步骤 01

以分腿姿站立，右脚在前，左脚在后。双手在身体腰腹部前方抱稳药球。保持双臂屈肘。

步骤 02

躯干向左下方旋转，把药球拉向髋部左侧。稍稍屈髋、屈膝，降低身体重心。

步骤 03

身体右转发力，双臂伸直打开，尽可能用力快速地将药球扔向身体右侧。恢复为初始姿势，重复动作。然后换身体另一侧执行同样动作。

POINT 细节及注意事项

- 保持核心收紧。
- 尽量用最大力气扔球。

动作 9 药球 – 分腿姿 – 侧向扔球 – 同侧

目标肌肉 腹直肌、腹外斜肌、肩关节周围肌群、下肢肌群

动作步骤

步骤 01

以分腿姿站立，左脚在前，右脚在后。双手在身体腰腹部前方抱稳药球。保持双臂屈肘。

01

步骤 02

躯干向左下方旋转，把药球拉向髋部左侧。稍稍屈髋、屈膝，降低身体重心。

02

步骤 03

身体右转发力，双臂伸直打开，尽可能用力快速地将药球扔向身体右侧。恢复为初始姿势，重复动作。然后换身体另一侧执行同样动作。

POINT 细节及注意事项

- 保持核心收紧。
- 尽量用最大力气扔球。

动作 10 药球 – 分腿姿 – 过顶扔球

目标肌肉 腹直肌、肩关节周围肌群、下肢肌群

动作步骤

步骤 01

以分腿姿站立，右腿在前，左腿在后，屈膝降低身体重心。双手在胸部前方抱稳药球。保持双臂屈肘。

步骤 02

核心收紧，保持身体姿势，双手抱药球上举至头顶后上方。

步骤 03

双臂向前上方打开伸直的同时，快速用力将药球抛出。恢复为初始姿势，重复动作。然后换身体另一侧执行同样动作。

POINT 细节及注意事项

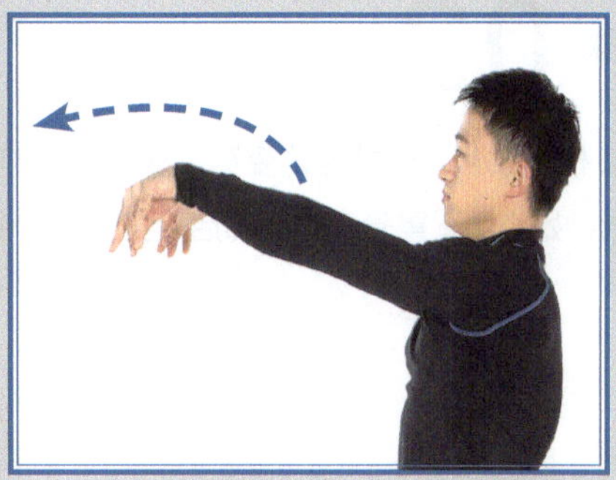

- 保持核心收紧。
- 尽量用最大力气扔球。

动作 11 药球 – 分腿姿 – 胸前抛球

目标肌肉 腹直肌、肩关节周围肌群、下肢肌群

动作步骤

步骤 01

以分腿姿站立，右腿在前，左腿在后，屈膝降低身体重心。双手在胸部前方抱稳药球。保持双臂屈肘。

步骤 02

核心收紧，保持身体姿势，双臂向前伸直至与肩同高，同时快速用力将药球抛出。恢复为初始姿势，重复动作。然后换身体另一侧执行同样动作。

POINT 细节及注意事项

- 保持核心收紧。
- 尽量用最大力气扔球。

变式动作推荐

药球 – 半跪姿 – 胸前抛球

利用半跪姿进行胸前抛球练习，前腿屈膝 90 度，后腿的大腿与躯干在一条直线上，避免屈髋。其他要点和分腿姿动作相同。

动作 12 药球 – 分腿姿 – 旋转扔球

目标肌肉 腹直肌、腹外斜肌、肩关节周围肌群、下肢肌群

动作步骤

步骤 01

以分腿姿站立，左腿在前，右腿在后，屈膝降低身体重心。双手在身体前方抱稳药球。保持双臂屈肘。

01

步骤 02

核心收紧，屈膝、屈髋，降低身体重心。躯干向左下方旋转，把药球拉向髋部左侧。

02

步骤 **03**

身体右转发力，双臂向前上方伸直，同时用力将球扔出。恢复为初始姿势，重复动作。然后换身体另一侧执行同样动作。

POINT 细节及注意事项

● 保持核心收紧。

● 尽量用最大力气扔球。

变式动作推荐

药球 – 跪姿 – 反向半旋转扔球

背对墙壁，采用跪姿，双手抱球，屈肘，向左后方转体将球扔向墙壁，然后迅速接球；顺着球反弹的冲力向右后方转体将球扔向墙壁并接球。如此在身体两侧重复转体扔球。注意让球从垂直方向碰撞墙壁。

动作 13 药球 - 基本姿 - 胸前抛球

目标肌肉 腹直肌、肩关节周围肌群、下肢肌群

动作步骤

步骤 01

以基本姿站立，双腿分开，双脚距离约等于肩宽，屈膝、屈髋，降低身体重心。保持背部挺直。双手在胸部前方抱稳药球。保持双臂屈肘。

步骤 02

核心收紧，保持身体姿势，双臂向前伸直至与肩同高，同时快速用力将药球抛出。恢复为初始姿势，重复动作。

POINT 细节及注意事项

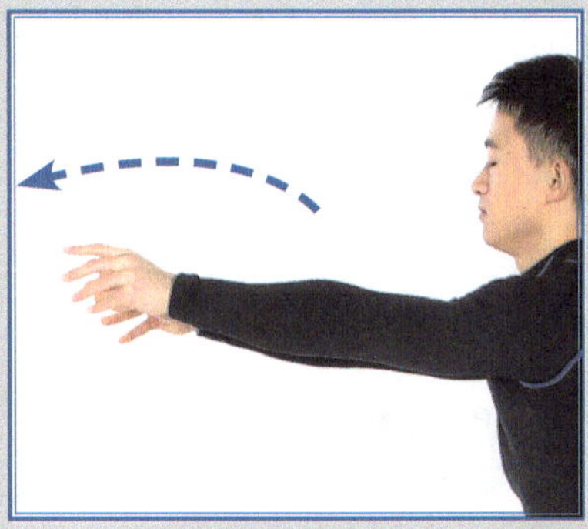

- 保持核心收紧。
- 尽量用最大力气扔球。

动作 14 药球－直立姿－平行扔球

目标肌肉 腹直肌、腹外斜肌、肩关节周围肌群

动作步骤

步骤 01

以直立姿站立，双腿分开，双脚距离大于或约等于肩宽。双手在身体腰腹部前方抱稳药球。保持双臂屈肘。

01

步骤 02

躯干向左下方旋转，把药球拉向髋部左侧。屈髋、屈膝，降低身体重心。

02

步骤 03

身体右转发力，双臂伸直打开，尽可能用力快速地将药球扔向身体前方。恢复为初始姿势，重复动作。然后换身体另一侧执行同样动作。

POINT 细节及注意事项

● 保持核心收紧。

● 尽量用最大力气扔球。

变式动作推荐

药球 – 跪姿 – 侧向扔球

采用跪姿进行侧向扔球练习，膝关节屈曲 90 度，大腿与躯干在一条直线上。其他要点和直立姿动作相同。

动作 15 药球－直立姿－旋转过顶砸球

目标肌肉 腹直肌、腹外斜肌、前锯肌、肩关节周围肌群

动作步骤

步骤 01

以直立姿站立，双腿分开，双脚距离稍稍大于肩宽。双手在腹部前方抱稳药球。保持双臂屈肘。

步骤 02

核心收紧，躯干向右下方旋转，把药球拉向髋部右侧。

步骤 03

双臂向右上方抬起，将球送向头部右上方。

步骤 04

将球经头部右上方、头部上方，送向头部左上方，躯干向左下方旋转。

步骤 05

将球从头部左上方向身体左下方快速砸去。恢复为初始姿势，重复动作。然后换身体另一侧执行同样动作。

POINT 细节及注意事项

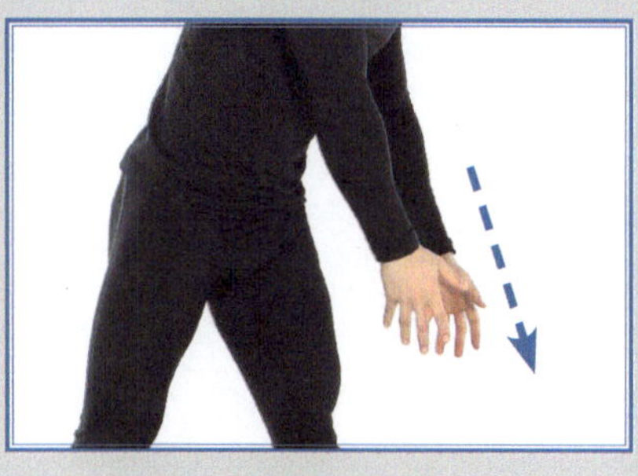

- 保持核心收紧。
- 尽量用最大力气砸球。

变式动作推荐

药球－跪姿－旋转过顶砸球

采用跪姿进行旋转过顶砸球练习，膝关节屈曲 90 度，大腿与躯干在一条直线上。其他要点和直立姿动作相同。

动作 16 药球 – 直立姿 – 过顶扔球

目标肌肉 腹直肌、肩关节周围肌群

动作步骤

步骤 01

以直立姿站立，双腿分开，双脚距离约等于肩宽。双手在胸部前方抱稳药球。保持双臂屈肘。

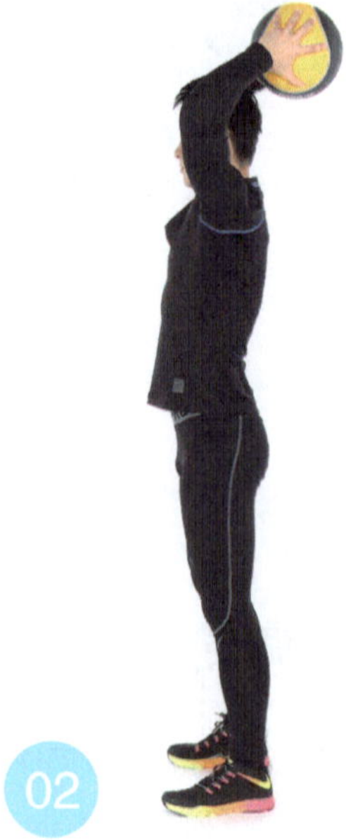

步骤 02

核心收紧，保持直立姿，双手抱药球上举至头顶后上方。

步骤 03

双臂向前上方打开伸直的同时，快速用力将药球扔出。恢复为初始姿势，重复动作。

POINT 细节及注意事项

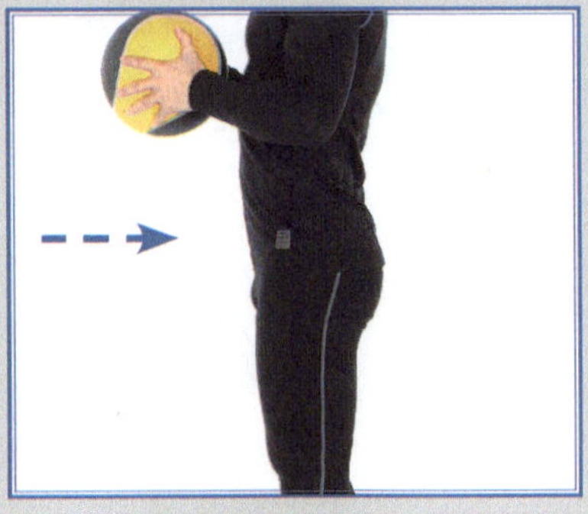

- 保持核心收紧。

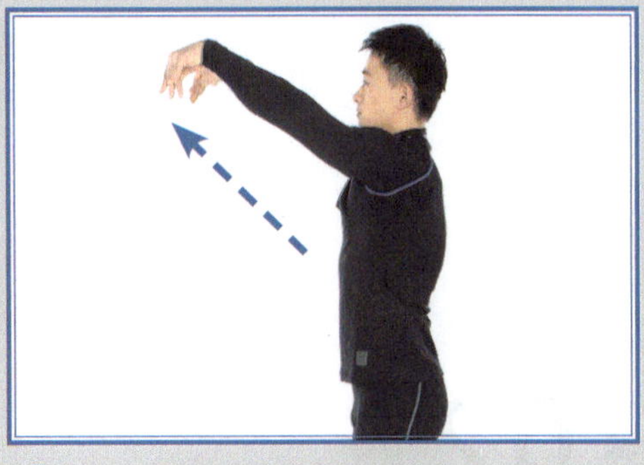

- 尽量用最大力气扔球。

变式动作推荐

药球 – 基本姿 – 过顶扔球

与直立姿动作不同的是，基本姿过顶扔球需要稍稍屈膝、屈髋，降低身体重心。其他要点和直立姿动作相同。

动作 17 药球 - 直立姿 - 侧向下砍

目标肌肉 腹直肌、腹外斜肌、肩关节周围肌群

动作步骤

步骤 01

以直立姿站立，双腿分开，双脚离大于或约等于肩宽。双手在身体腰腹部前方抱稳药球。保持双臂屈肘。

步骤 02

核心收紧，快速向左转体、转髋，双手抱药球迅速向左上方移动，将药球送至头部左上方。

步骤 03

迅速向右下方转体，同时双臂用力将球从左上方砍向右下方垫面。

POINT 细节及注意事项

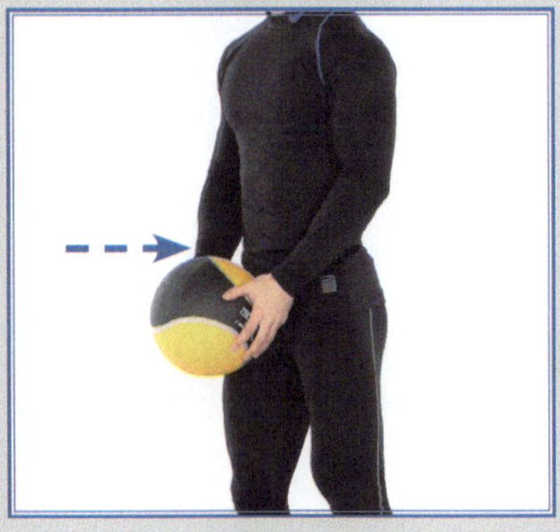

- 保持核心收紧。

- 尽量用最大力气砍球。

变式动作推荐

药球 – 分腿姿 – 侧向下砍

该动作采用分腿姿进行侧向下砍练习，其他要点和直立姿动作相同。

药球 – 弓步姿 – 侧向下砍

该动作采用弓步姿进行侧向下砍练习，其他要点和直立姿动作相同。

动作 18 药球－双侧交替弓步跳

目标肌肉 腹直肌、腹外斜肌、肩关节周围肌群、下肢肌群

动作步骤

01 02 03

步骤 01

以直立姿站立，双腿分开，双脚距离约等于肩宽。双手在身体腹部前方抱稳药球。保持双臂屈肘。

步骤 02

核心收紧，挺胸抬头，双脚同时起跳并前后分开，左脚落在前，右脚落在后，屈双膝，呈弓步姿势。起跳的同时，双手抱药球放在髋部左侧。

步骤 03

双脚同时起跳，在腹部前方抱稳药球。

步骤 04

落地，双腿分开。屈膝、屈髋。右腿在前，左腿在后，呈弓步姿势，左脚尖撑地，双手抱药球放在髋部右侧。重复动作。

04

POINT 细节及注意事项

- 保持背部挺直。

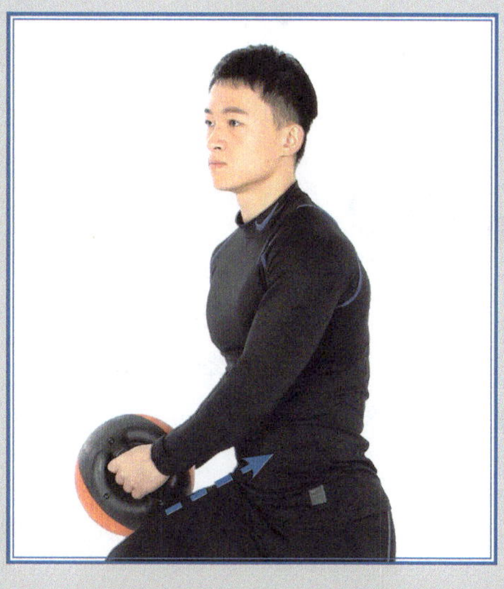

- 保持核心收紧。

动作 19 药球 – 单腿军步 – 平行扔球

目标肌肉 腹直肌、腹外斜肌、肩关节周围肌群、下肢肌群

动作步骤

步骤 01

以单腿军步姿站立，左腿撑地。双手在身体腰腹部前方抱稳药球。保持双臂屈肘。

01

步骤 02

躯干向左下方旋转，把药球拉向髋部左侧。稍稍屈髋，左腿屈膝以降低身体重心。右腿一直屈膝悬空。

02

步骤 03

身体右转发力，由髋部带动躯干、肩部、手臂向右旋转，把力传递到药球上，尽可能用力快速地将药球平行扔向前方。恢复为初始姿势，重复动作。然后换身体另一侧执行同样动作。

POINT 细节及注意事项

- 保持核心收紧。
- 尽量用最大力气扔球。

动作 20 药球－单腿军步－侧向扔球－同侧

目标肌肉 腹直肌、腹外斜肌、肩关节周围肌群、下肢肌群

动作步骤

步骤 01

以单腿军步姿站立，左腿撑地，右腿屈膝，右侧大腿保持水平。双手在身体腰腹部前方抱稳药球。保持双臂屈肘。

步骤 02

躯干向左下方旋转，把药球拉向髋部左侧。稍稍屈髋，左腿屈膝以降低身体重心。右腿一直屈膝悬空。

步骤 03

身体右转发力，双臂伸直打开，尽可能用力快速地将药球扔向身体右侧。恢复为初始姿势，重复动作。然后换身体另一侧执行同样动作。

POINT 细节及注意事项

- 保持核心收紧。
- 尽量用最大力气扔球。

变式动作推荐

药球 – 弓步姿 – 侧向扔球 – 异侧

采用弓步姿进行侧向异侧的扔球练习，其他要点和单腿军步姿动作相同。

动作 21 药球 – 单腿军步 – 侧向扔球 – 异侧

目标肌肉 腹直肌、腹外斜肌、肩关节周围肌群、下肢肌群

动作步骤

步骤 01

以单腿军步姿站立，右腿撑地，左腿屈膝，左侧大腿保持水平。双手在身体腰腹部前方抱稳药球。保持双臂屈肘。

步骤 02

躯干向左下方旋转，把药球拉向髋部左侧。稍稍屈髋，右腿屈膝以降低身体重心。左腿一直屈膝悬空。

步骤 03

身体右转发力，双臂伸直打开，尽可能用力快速地将药球扔向身体右侧。恢复为初始姿势，重复动作。然后换身体另一侧执行同样动作。

POINT 细节及注意事项

- 保持核心收紧。
- 尽量用最大力气扔球。

变式动作推荐

药球 – 弓步姿 – 侧向扔球 – 同侧

采用弓步姿进行侧向同侧的扔球练习，其他要点和单腿军步姿动作相同。

动作 22 药球 - 单腿军步 - 过顶扔球

目标肌肉 腹直肌、肩关节周围肌群、下肢肌群

动作步骤

步骤 01

以单腿军步姿站立，左腿撑地，右腿屈膝，右侧大腿保持水平。双手在身体腰腹部前方抱稳药球。保持双臂屈肘。

步骤 02

核心收紧，保持身体姿势，双手抱药球上举至头顶后上方。

步骤 03

双臂向前上方打开伸直的同时，快速用力将药球抛出。恢复为初始姿势，重复动作。然后换身体另一侧执行同样动作。

POINT 细节及注意事项

- 保持核心收紧。
- 尽量用最大力气扔球。

变式动作推荐

药球 – 跪姿 – 过顶扔球

采用跪姿进行过顶扔球练习，膝关节屈曲 90 度，大腿与躯干在一条直线上。其他要点和单腿军步姿动作相同，但要保持躯干挺直，避免过度屈髋和屈膝。

动作 23 药球 – 单腿军步 – 胸前抛球

目标肌肉 腹直肌、肩关节周围肌群、下肢肌群

动作步骤

步骤 01

以单腿军步姿站立，左腿撑地，右腿屈膝，右侧大腿保持水平。双手在胸部前方抱稳药球。保持双臂屈肘。

步骤 02

核心收紧，保持身体姿势，双臂向前伸直，同时快速用力将药球抛出。恢复为初始姿势，重复动作。然后换身体另一侧执行同样动作。

POINT 细节及注意事项

- 保持核心收紧。

- 尽量用最大力气扔球。

动作 24 药球 – 单腿军步 – 旋转扔球

目标肌肉 腹直肌、腹外斜肌、肩关节周围肌群、下肢肌群

动作步骤

步骤 01

以单腿军步姿站立，右腿撑地，左腿屈膝，左侧大腿保持水平。双手在腹部前方抱稳药球。保持双臂屈肘。

步骤 02

核心收紧，保持身体稳定，屈髋，右腿屈膝以降低身体重心，身体向左下方旋转，把药球拉向髋部左侧。

步骤 03

向右转体，双臂向前方伸直的同时，快速用力将药球抛出，恢复为初始姿势，重复动作。然后换身体另一侧执行同样动作。

POINT 细节及注意事项

- 保持核心收紧。
- 尽量用最大力气扔球。

变式动作推荐

药球 – 弓步姿 – 旋转扔球

采用弓步姿进行旋转扔球练习，其他要点和单腿军步姿动作相同，但要保持背部挺直。

动作 25 药球 - 仰卧起坐 - 过顶抛接球

目标肌肉 腹直肌、肩关节周围肌群

动作步骤

步骤 01

练习者坐在瑜伽垫上，姿势为仰卧起坐的准备姿势，屈双膝，双脚脚跟撑地。双臂在身体前方屈肘，做好接球准备。搭档站在练习者对面，和练习者保持一定距离，双臂屈肘，在腹部前方抱球。

步骤 02

搭档将球抛给练习者。练习者双手接球。

步骤 03

练习者接球后，顺势后仰让背部贴垫，贴垫的时候将药球拉向头顶上方。

步骤 04

练习者保持核心收紧，利用屈髋的力量快速抬起上身，同时用力将球抛向搭档，搭档接球。重复动作。

POINT　细节及注意事项

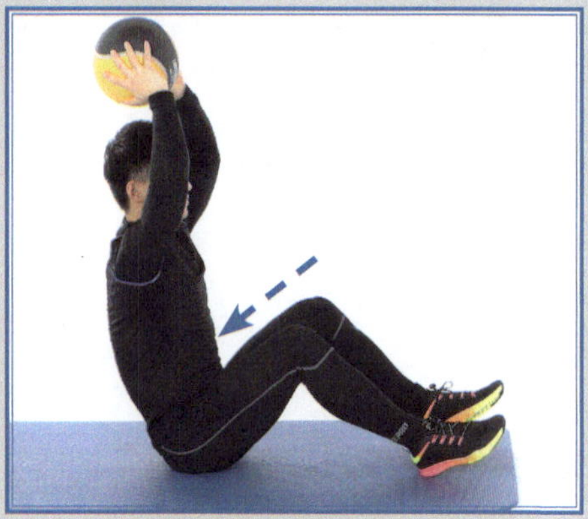

- 起身抛球时，核心收紧。

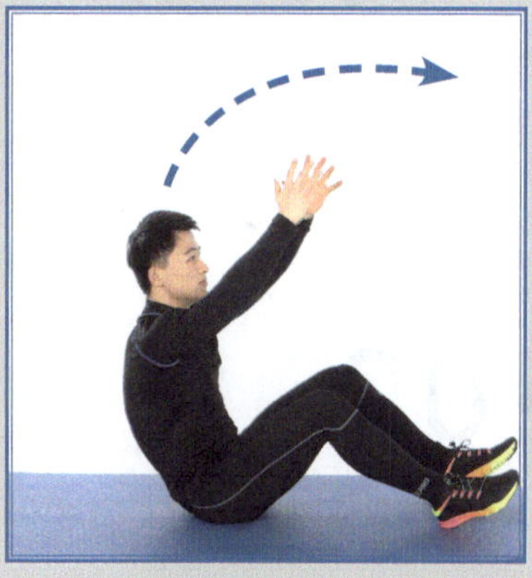

- 尽量用最大力气抛球。

变式动作推荐

卷腹过顶抛接球

搭配卷腹动作进行过顶抛接球练习，在背部后仰贴地的时候将药球拉向头顶上方，卷腹起身的时候将药球抛出。与仰卧起坐过顶抛接球不同的是，卷腹过顶抛接球没有屈髋动作。

动作 26 药球 -V 字侧向抛接球

目标肌肉 腹直肌、腹外斜肌、肩关节周围肌群

动作步骤

步骤 01

练习者在瑜伽垫上呈 V 字坐姿，屈双膝，双脚离地，双臂在身体前方伸直，做好接球准备。搭档站在练习者对面，和练习者保持一定距离，双臂屈肘，在身体前方抱球，将球抛给练习者。

步骤 02

练习者双臂伸直，在身体前方接球。接球后身体向右侧旋转。

步骤 03

练习者尽可能用力将药球抛向搭档，搭档接球。重复动作。然后换身体另一侧执行同样动作。

POINT 细节及注意事项

● 保持核心收紧。

● 尽量用最大力气抛球。

动作 27 药球 – 站姿 – 单臂过顶砸球

目标肌肉 腹直肌、腹外斜肌、前锯肌、肩关节周围肌群、下肢肌群

动作步骤

步骤 01

身体直立，双腿分开，双脚距离大于或约等于肩宽。双手在身体腰腹部前方抱稳药球。保持双臂屈肘。

步骤 02

核心收紧，先屈膝降低身体重心，双手抱球向右上方移动，然后左手松开球，球跟随惯性与右手转移至头顶右上方，同时伸膝、伸髋，左脚跟离地，提升身体重心。

步骤 03

右臂用力，快速将球砸向身前。重复动作。然后换身体另一侧执行同样动作。

POINT 细节及注意事项

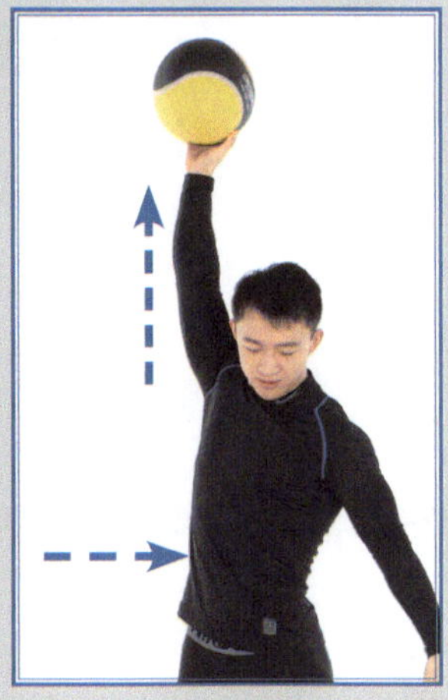

- 保持核心收紧。
- 尽量用最大力气砸球。

变式动作推荐

药球 – 分腿姿 – 旋转过顶砸球

采用双脚左前右后的分腿姿，双手握药球，从身体前侧相继转向躯干右侧、头部右侧、头顶、头部左侧，然后迅速砸向左侧地面。换身体另一侧时，动作要点相同。

动作 28 瑞士球 – 仰卧 – 抛球

目标肌肉 核心肌群、胸大肌

动作步骤

步骤 01

双腿分开，双脚距离大于肩宽，脚尖朝外。双手握一个药球，上身仰躺在瑞士球上，直至大腿与地面平行。

步骤 02

练习者保持核心收紧，然后上身快速抬起，同时双臂伸直，双手用力将药球抛向搭档。

步骤 03

搭档接球，然后将球回抛给练习者。重复动作。

POINT 细节及注意事项

● 保持身体稳定，避免向两侧倾斜。

● 髋部打开，使大腿、躯干保持水平。

动作 29 壶铃 – 甩摆高翻 – 单臂

目标肌肉 上肢肌群

动作步骤

步骤 01

双腿分开，双脚距离大于肩宽，脚尖朝外。右手握一个壶铃，上身前倾，双腿下蹲，直至大腿与地面的夹角约为 45 度；将壶铃经过胯下向后甩摆，且甩摆高度与臀部保持水平。

01

步骤 02

身体直立站起，右臂跟随向上甩摆壶铃至胸前，右臂顺势向下屈肘，将壶铃向后翻转至肩部位置。

02

步骤 03

右臂放下，同时身体前倾，恢复为初始姿势，重复动作。左手持壶铃时，按照同样的顺序执行动作。

POINT 细节及注意事项

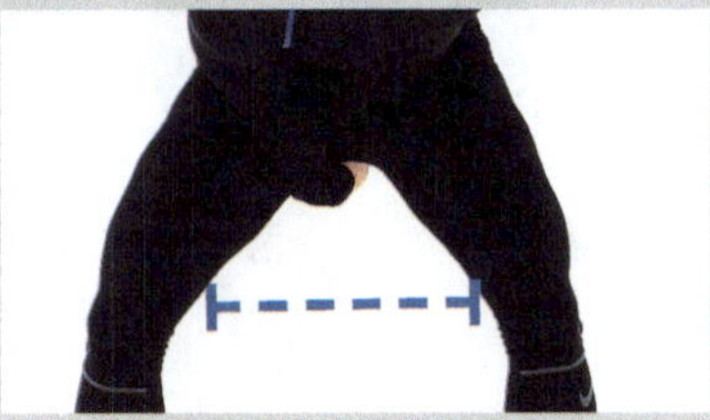

- 双腿之间的距离要能使壶铃很容易地从胯下甩过。

- 未持壶铃的手臂向后摆，以保持身体平衡。

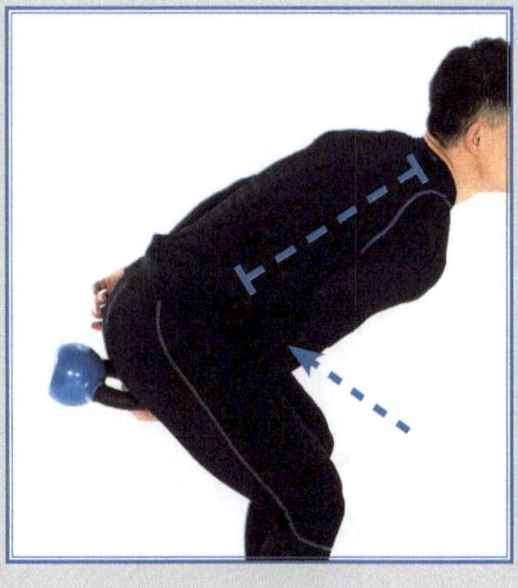

- 保持核心收紧。
- 背部一直保持挺直。

变式动作推荐

壶铃－甩摆高翻－双臂

采用双铃来执行动作，其他动作要点与单铃相同，因为负荷提升了，所以难度也有所提升。

动作 30 壶铃－俄罗斯甩摆

目标肌肉 全身肌群

动作步骤

步骤 01

双腿分开，双脚距离大于肩宽，脚尖朝外。双手握一个壶铃，上体前倾，屈膝、屈髋，使壶铃距离身体有一定距离，壶铃底部接触地面。

01

步骤 02

身体向上稍稍抬起，直至大腿与地面的夹角约为 45 度，并将壶铃经过胯下向后甩摆，且甩摆高度超过臀部。

02

步骤 03

身体直立站起，手臂顺势向上甩摆壶铃，直至壶铃与地面平行。

POINT 细节及注意事项

- 双腿之间的宽度要能使壶铃很容易地从胯下甩过。

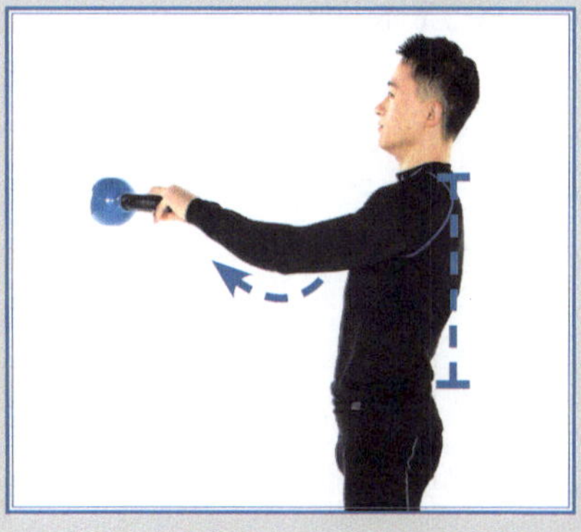

- 注意上臂放松，前摆时肘关节稍稍弯曲。
- 背部一直保持挺直。

变式动作推荐

壶铃 – 爆发力甩摆

在从后向前甩摆壶铃时，要将壶铃甩摆至与头顶齐平的高度，其他动作要点与俄罗斯甩摆相同。

壶铃 – 美式甩摆

在从后向前甩摆壶铃时，要将壶铃甩摆至头顶正上方最高点，其他动作要点与俄罗斯甩摆相同。

动作 31 壶铃－高拉－单臂

目标肌肉 全身肌群

动作步骤

步骤 01

双腿分开，双脚距离大于肩宽，脚尖朝外。右手握一个壶铃，上身前倾，双腿下蹲，直至大腿与地面的夹角约为 45 度。壶铃自然下垂于双腿之间。左臂自然后摆，以保持身体平衡。

01

步骤 02

身体直立站起，右臂跟随向上提拉壶铃，直至壶铃位于腹部前方。

02

步骤 03

尽量将壶铃上提至最大限度，让壶铃在顶端短暂停留后，放下壶铃。恢复为初始姿势，重复动作。左手持壶铃时，按照同样的顺序执行动作。

03

POINT 细节及注意事项

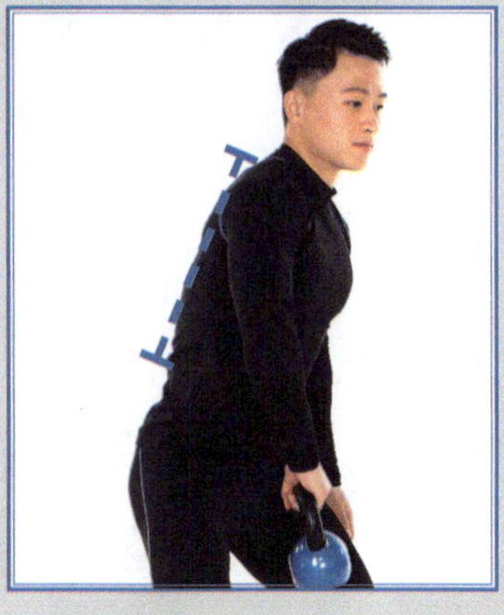

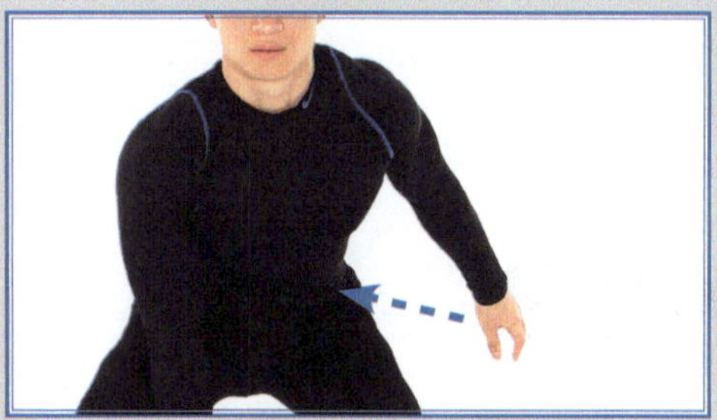

- 保持核心收紧。
- 背部一直保持挺直。

变式动作推荐

哑铃 – 高拉 – 单臂

单手握哑铃，哑铃与膝关节同高；先屈膝、屈髋，然后身体直立，同时将哑铃从膝关节处高拉至肩关节处。

壶铃 – 高拉 – 双臂 – 单铃

双手同握一个壶铃进行高拉动作，其他动作要点与壶铃的单臂高拉相同。

动作 32 壶铃 – 高翻 – 单臂

目标肌肉 全身肌群

动作步骤

步骤 01

双腿分开，双脚距离大于肩宽，脚尖朝外。右手握一个壶铃，上身前倾，双腿下蹲，直至大腿与地面的夹角约为 45 度。壶铃自然下垂于双腿之间。左臂自然后摆，以保持身体平衡。

01

步骤 02

身体直立站起，右臂跟随向上提拉壶铃，然后右臂屈肘，翻转壶铃，使壶铃底部朝向身体右前方，手心朝向身体，并将壶铃提至肩部高度。左臂在身体左侧自然下垂，以保持身体平衡。短暂停留后，放下壶铃。恢复为初始姿势，重复动作。左手持壶铃时，按照同样的顺序执行动作。

02

POINT 细节及注意事项

- 保持核心收紧。
- 背部一直保持挺直。
- 高翻时壶铃不要抓握得太紧。
- 在动作的顶点稍做停留。

变式动作推荐

哑铃 – 高翻 – 单臂

单手握哑铃，哑铃与膝关节同高；先屈膝、屈髋，然后身体直立，手臂将哑铃从膝关节处向上高翻至肩关节处。

动作 33 壶铃 – 高翻 – 双臂

目标肌肉 全身肌群

动作步骤

步骤 01

双腿分开，双脚距离大于肩宽，脚尖朝外。双手各握一个壶铃，上身前倾，双腿下蹲，直至大腿与地面大致平行，壶铃自然下垂于双腿之间。保持背部挺直。

步骤 02

核心收紧，身体直立站起，双臂跟随向上提拉壶铃，然后双臂屈肘，翻转壶铃，使壶铃底部朝向侧面，掌心相对，并将壶铃提至肩部高度。短暂停留后，放下壶铃。恢复为初始姿势，重复动作。

POINT 细节及注意事项

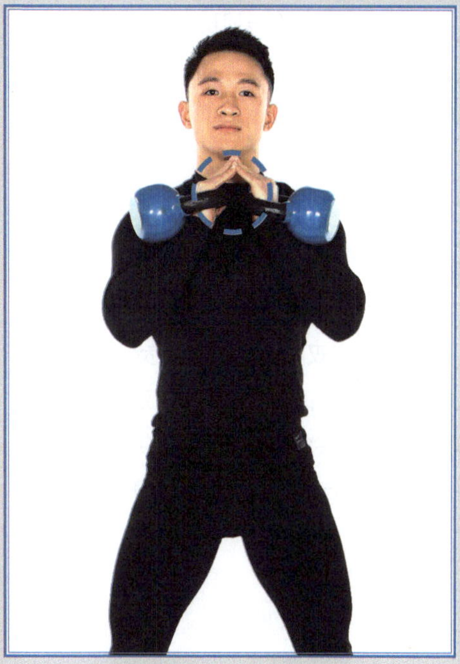

- 背部一直保持挺直。
- 高翻时壶铃不要抓握得太紧。
- 在动作的顶点稍做停留。

变式动作推荐

哑铃 – 高翻 – 双臂

双手各握一个哑铃，哑铃与膝关节同高；先屈膝、屈髋，然后身体直立，手臂将哑铃从膝关节处向上高翻至肩关节处。

动作 34 壶铃 - 翻转高翻 - 单臂

目标肌肉 全身肌群

动作步骤

步骤 01

双腿分开，双脚距离大于肩宽，脚尖朝外。右手握一个壶铃，上身前倾，双腿下蹲，直至大腿与地面夹角约为 45 度，使壶铃底部接触地面。左臂自然后摆，以保持身体平衡。

01

步骤 02

核心收紧，身体直立站起，右臂跟随向上提拉壶铃。

02

步骤 03

右臂屈肘，向上翻转壶铃，直至壶铃位于头部侧面，且壶铃底部朝上。左臂在身体左侧自然下垂，以保持身体平衡。短暂停留后，放下壶铃。恢复为初始姿势，重复动作。左手持壶铃时，按照同样的顺序执行动作。

POINT 细节及注意事项

- 保持核心收紧。
- 背部一直保持挺直。

- 高翻时壶铃不要抓握得太紧。
- 在动作的顶点稍做停留。

变式动作推荐

哑铃－下蹲高翻－单臂

单手握哑铃，哑铃与膝关节同高；先屈膝、屈髋，然后身体直立，同时将哑铃从膝关节处向上高翻至肩关节处；然后保持双臂姿势，迅速屈膝、屈髋下蹲，再起身。

动作 35 壶铃－高翻－双臂－交替－有间歇

目标肌肉 全身肌群

动作步骤

步骤 01

双腿分开，双脚距离大于肩宽，脚尖朝外。双手各握一个壶铃，上身前倾，双腿下蹲，直至大腿与地面平行，使壶铃底部接触地面。

步骤 02

核心收紧，身体直立站起，双臂跟随向上提拉壶铃。然后左臂屈肘，翻转壶铃，使壶铃底部朝向侧面并将壶铃提拉至肩部高度；右臂保持状态不变。

步骤 03

左臂在顶点短暂停留后，屈膝、屈髋，使身体重心下降，恢复至起始姿势。

步骤 04

再次站起向上提拉壶铃，右臂屈肘，翻转壶铃，使壶铃底部朝向侧面并将壶铃提拉至肩部高度；左臂保持状态不变。短暂停留后，放下壶铃。恢复为初始姿势，重复动作。

POINT 细节及注意事项

- 背部一直保持挺直。
- 高翻时壶铃不要抓握得太紧。
- 在动作的顶点稍做停留。

变式动作推荐

壶铃 – 高翻 – 双臂 – 交替 – 无间歇

该动作以直立姿交替进行壶铃高翻，不用回到屈膝下蹲的阶段，因此可无间歇交替进行。身体直立，双手各持一个壶铃，将壶铃交替从髋部高度上翻至肩部高度。

动作 36 壶铃 – 翻转高翻 – 过顶上举 – 单臂

目标肌肉 全身肌群

动作步骤

01

步骤 01

双腿分开，双脚距离大于肩宽，脚尖朝外。左手握一个壶铃，上身前倾，双腿下蹲，直至大腿与地面平行，使壶铃底部接触地面。右臂自然后摆，以保持身体平衡。

02

步骤 02

核心收紧，身体直立站起，同时左臂向前甩摆壶铃；接着屈肘，上翻壶铃至头部侧面，使壶铃底部朝上。

03

步骤 03

左手继续向上推举壶铃，直至左臂完全伸直。短暂停留后，左臂下降。恢复为初始姿势，重复动作。右手持壶铃时，按照同样的顺序执行动作。

POINT 细节及注意事项

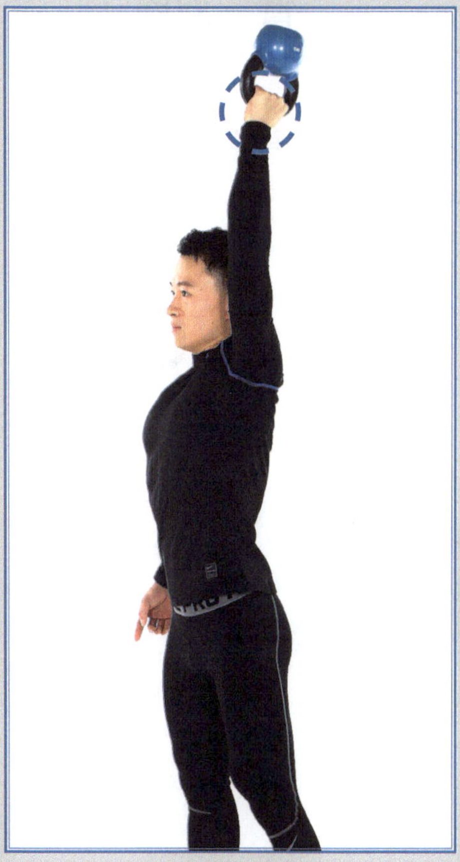

- 背部一直保持挺直。
- 高翻时壶铃不要抓握得太紧。
- 在动作的顶点稍做停留。

变式动作推荐

壶铃－翻转高翻－交替上举－双臂－双铃

双手各持一个壶铃，同时将壶铃高翻至肩部位置，然后双臂交替上举壶铃。

动作 37 壶铃－翻转高翻－过顶上举－双臂－双铃

目标肌肉 全身肌群

动作步骤

01

步骤 01

双腿分开，双脚距离大于肩宽，脚尖朝外。双手各握一个壶铃，上身前倾，双腿下蹲，直至大腿与地面平行，使壶铃底部接触地面。

02

步骤 02

核心收紧，身体直立站起，同时双臂向前甩摆壶铃；接着屈肘，上翻壶铃至头部侧面，使壶铃底部朝上。

步骤 03

双手继续向上推举壶铃，直至手臂完全伸直。短暂停留后，手臂下降。恢复为初始姿势，重复动作。

03

POINT 细节及注意事项

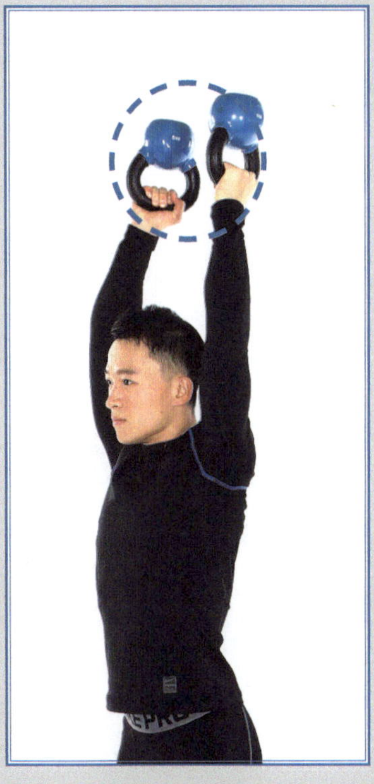

- 保持核心收紧。
- 背部一直保持挺直。
- 高翻时壶铃不要抓握得太紧。
- 在动作的顶点稍做停留。

变式动作推荐

哑铃 – 双臂下蹲高翻

双手各握一个哑铃，屈膝、屈髋，使哑铃与膝关节同高。然后身体挺髋站立，双臂屈肘高翻，将哑铃高翻至肩部高度，接着保持双臂姿势，迅速屈膝、屈髋下蹲，再起身。

动作 38 壶铃 - 高抓 - 单臂

目标肌肉 肩部、下背部、腘绳肌、小腿肌群、肱三头肌、斜方肌、臀部肌群

动作步骤

步骤 01

身体直立，双腿分开，屈膝、屈髋，双脚距离大于肩宽。右手握一个壶铃，右臂伸直，将壶铃放在双腿之间。

步骤 02

右臂将壶铃自胯下向前甩摆，且甩摆高度与臀部保持水平。左臂自然伸直，以保持身体平衡。

步骤 03

右臂向前、向上甩摆壶铃至腹部前方，然后屈肘高抓至右肩部位置。

步骤 04

右臂继续将壶铃上举至头顶，直至手臂伸直。短暂停留后，放下壶铃。重复动作。然后换左臂执行同样的动作。

POINT 细节及注意事项

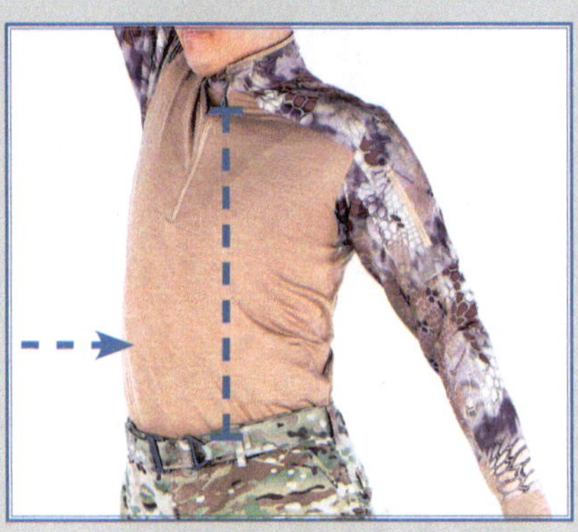

- 保持核心收紧。
- 背部一直保持挺直。
- 在动作的顶点稍做停留。

动作 39 壶铃 – 爆发式 – 单臂推举

目标肌肉 肩部、股四头肌、小腿肌群、肱三头肌

动作步骤

步骤 01

身体直立，双腿分开，双脚距离大于肩宽。右手握一个壶铃，屈肘，将壶铃架在右肩前方。屈膝、屈髋，降低身体重心，保持上身挺直，右臂保持动作。

步骤 02

身体直立站起，挺髋，右臂快速向上推举壶铃，直至手臂完全伸直。短暂停留后，放下壶铃。重复动作。然后换左臂执行同样的动作。

POINT 细节及注意事项

- 保持核心收紧。
- 背部一直保持挺直。

变式动作推荐

哑铃 – 站姿 – 单臂强力推举

将壶铃更换为哑铃，其他动作要点相同。

动作 40 哑铃 – 站姿 – 双臂强力推举

目标肌肉 肩关节周围肌群、股四头肌

动作步骤

步骤 01

身体直立，双腿分开，双脚距离约等于肩宽，脚尖朝外。双手屈肘在肩部上方各握一个哑铃，掌心向前。

步骤 02

保持双手动作不变，屈膝、屈髋，降低身体重心至半蹲状态。

步骤 03

双脚蹬地，伸膝、伸髋，双臂借力将哑铃向上举过头顶。恢复为初始姿势，重复动作。

POINT 细节及注意事项

- 保持核心收紧。
- 背部一直保持挺直。

变式动作推荐

哑铃 – 双臂肩上下蹲推举

在“哑铃 -站姿 -双臂强力推举”的基础上，向上推举哑铃前先做一个下蹲动作，其他动作要点相同。

动作 41 哑铃 – 双臂抓举

目标肌肉 核心肌群、斜方肌、背阔肌、肱二头肌、三角肌前束和中束

动作步骤

步骤 01

双腿分开，双脚距离约等于肩宽，脚尖朝外。双手在身体两侧各握一个哑铃，掌心向后。屈膝、屈髋，上身前屈，降低身体重心至半蹲状态。同时双手持哑铃放在身体前方，哑铃位于膝关节下方。

步骤 02

然后伸膝、伸髋，上身抬起，双臂屈肘向上，从身体前方抓举哑铃，直到哑铃与肩关节齐平。

步骤 03

继续翻转肩关节，用力向前向上抓举哑铃，直至将哑铃推过头顶，双臂伸直。恢复为初始姿势，重复动作。

POINT 细节及注意事项

● 保持核心收紧。

● 躯干一直保持挺直。

变式动作推荐

哑铃 – 单臂抓举

该动作与“哑铃 -双臂抓举”相比，将双臂抓举更换为单臂抓举，其他动作要点相同。

第3章

爆发力训练计划

03

3.1 爆发力训练前的热身计划

3.1.1 肌筋膜梳理

动作名称	动作图片	组数	次数/时间	页码
泡沫轴–上背部放松		1	20~30秒	P34
泡沫轴–侧卧–单侧背阔肌放松		1	20~30秒	P35
泡沫轴–肩关节前侧滚压		1	20~30秒	P36
泡沫轴–仰卧–单侧臀肌放松		1	20~30秒	P37
泡沫轴–俯卧–单侧股四头肌放松		1	20~30秒	P38
泡沫轴–侧卧–单侧髂胫束放松		1	20~30秒	P39
泡沫轴–大腿后侧滚压		1	20~30秒	P40
泡沫轴–大腿内侧滚压		1	20~30秒	P41
泡沫轴–单侧小腿放松		1	20~30秒	P42
泡沫轴–胫骨前肌放松		1	20~30秒	P43

3.1.2 动态拉伸

动作名称	动作图片	组数	次数/时间	页码
军步走-原地		1	每侧3~4次	P44
军步走-直腿		1	每侧3~4次	P45
弓步走		1	每侧3~4次	P46
抱膝走		1	每侧3~4次	P47
燕式平衡		1	每侧3~4次	P48
最伟大拉伸		1	每侧3~4次	P49
毛毛虫爬行		1	3~4次	P50

3.1.3 臀肌激活

动作名称	动作图片	组数	次数/时间	页码
迷你带-半蹲-侧向走		2	每侧8~10步	P51

3.1.4 核心激活

动作名称	动作图片	组数	次数/时间	页码
直臂平板支撑		1	60秒	P52
侧平板支撑-顶髋		1	每侧8~10次	P53
仰卧-单腿挺髋		1	每侧8~10次	P54

3.1.5 肩胛部位激活

动作名称	动作图片	组数	次数/时间	页码
俯身-YTW形伸展		1	每个动作6~8次	P55

3.1.6 动作整合

动作名称	动作图片	组数	次数/时间	页码
药球-双腿深蹲		1	8~10次	P56
药球-弓步-躯干旋转		1	每侧4~6次	P57
药球-直立姿-旋转推举-对角线		1	每侧4~6次	P58

3.1.7 神经系统激活

动作名称	动作图片	组数	次数/时间	页码
药球-直立姿-过顶砸球		1	4~6次	P59
药球-分腿姿-旋转过顶砸球		1	每侧3~4次	P60
蹲跳		1	4~6次	P61

3.2 爆发力训练计划

3.2.1 爆发力训练计划设计的原则

爆发力是绝大多数竞技体育比赛的核心体能要素，爆发力训练也是各个项目周期训练中的重要阶段。

运动员要想实现爆发力的提升，并不是只进行爆发力训练就可以的，还需要先做好各方面的身体准备。**首先**，运动员要强化身体基本功能，改善身体各关节的灵活性和稳定性，避免在爆发力训练时产生损伤；**其次**，运动员要掌握好力量和爆发力的训练技术，以避免损伤和提高动作效率；**最后**，运动员要打好力量基础，这样才更有利于获得更大的爆发力。

提升爆发力的身体准备

- 运动员要强化身体基本功能，改善身体各关节的灵活性和稳定性
- 运动员要掌握好力量和爆发力的训练技术
- 运动员要打好力量基础

一般来讲，爆发力训练应该在运动员**神经系统保持兴奋**，同时没有明显疲劳的情况下进行，否则训练效果会受到不良影响。在制订爆发力训练计划时需要**考虑诸多变量**，包括练习方式、使用器械、负荷、完成次数、组数、间歇时间、训练频率等。根据不同项目的专项特点可以选择不同的爆发力训练动作，对于橄榄球、摔跤等对抗性较强的项目，可采用较大的负重，比如杠铃高翻练习；对于跳水、花样滑冰等技巧性项目，可采用较小的负重，比如药球侧抛等。当然每一种运动专项的爆发力训练计划都是由若干练习组合而成的，尽量考虑到专项用力方式的一致性，训练负荷和难度要**循序渐进**，不断进行调整。

运动员进行爆发力训练时，要根据自身的能力**选择适宜的负荷**；负荷不宜过大，否则无法保证训练的进度。一般每个练习进行 2~5 组，每组完成次数不宜过多，组间间歇时间一定要充分，保证运动员每次练习时都能保持良好的**动作质量**和最快的**发力速度**。当采用**较大负重**进行练习时，一般完成 3~5 次，间歇时间为 3~4 分钟；采用**中等负荷**进行练习时，一般完成 4~6 次，间歇时间为 2~3 分钟；采用**较小负荷**进行练习时，一般完成 6~8 次，间歇时间为 1~2 分钟。当然，根据实际训练的目标和运动员的状态，我们可以适当对各个变量进行调整。

常见爆发力训练变量

完成负荷	完成次数	间歇时间
较大负荷	3~5次	3~4分钟
中等负荷	4~6次	2~3分钟
较小负荷	6~8次	1~2分钟

本书列出 **100 多种**常用的爆发力训练动作，但仍有很多动作没有包含在内。根据以上爆发力训练计划设计的原则，结合本书列出的爆发力训练动作，下面给出一些竞技体育项目的基础爆发力训练计划和进阶爆发力训练计划，供教练员参考。

3.2.2 花样游泳基础爆发力训练计划示例

动作名称	动作图片	负荷	组数	次数/时间	间歇时间	页码
KEISER–半蹲姿–推举		合适重量	2～3	6	2～3分钟	P164
屈膝跳		自身体重	2～3	6	2～3分钟	P92
药球–单球快速交替俯卧撑		自身体重	2～3	每侧6	1～2分钟	P68
药球–直立姿–过顶砸球		2～3千克药球	2～3	6	1～2分钟	P59
药球–跪姿–胸前抛球		2～3千克药球	2～3	6	1～2分钟	P70
药球–直立姿–侧向下砍		2～3千克药球	2～3	每侧6	1～2分钟	P186
药球–仰卧起坐–过顶抛接球		2～3千克药球	2～3	6	1～2分钟	P202
登山者		自身体重	2～3	30秒	2～3分钟	P154

3.2.3 花样游泳进阶爆发力训练计划示例

动作名称	动作图片	负荷	组数	次数/时间	间歇时间	页码
KEISER–半蹲姿–展体	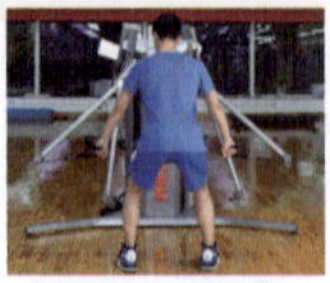	合适重量	3～4	6	2～3分钟	P162
增强式–俯卧撑		自身体重	3～4	6	2～3分钟	P64
纵跳–收腿		自身体重	3～4	6	2～3分钟	P84
药球–仰卧–胸前推接球		3~4千克药球	3～4	6	1～2分钟	P72
药球–直立姿–旋转过顶砸球		3~4千克药球	3～4	每侧6	1～2分钟	P182
药球–V字侧向抛接球		3~4千克药球	3～4	每侧6	1～2分钟	P204
瑞士球–仰卧–抛球		2~3千克药球	3～4	8	1～2分钟	P208
高抬腿跑		最快频率	3～4	30秒	2～3分钟	P96

3.2.4 棒球基础爆发力训练计划示例

动作名称	动作图片	负荷	组数	次数/时间	间歇时间	页码
杠铃悬垂高翻		合适重量	2~3	4	3~4分钟	P158
壶铃–俄罗斯甩摆		合适重量	2~3	6	2~3分钟	P212
栏架–交换跳–旋转–有摆臂–90度		自身体重	2~3	每侧6	1~2分钟	P144
栏架–交换跳–旋转–双接触–90度		自身体重	2~3	每侧6	1~2分钟	P146
药球–直立姿–侧向下砍		2~3千克药球	2~3	每侧6	1~2分钟	P186
药球–直立姿–平行扔球		2~3千克药球	2~3	每侧6	1~2分钟	P180
药球–仰卧起坐–过顶抛接球		2~3千克药球	2~3	8	1~2分钟	P202
登山者		自身体重	2~3	15秒	1~2分钟	P154

3.2.5 棒球进阶爆发力训练计划示例

动作名称	动作图片	负荷	组数	次数/时间	间歇时间	页码
杠铃抓举		合适重量	3~4	4	3~4分钟	P156
壶铃–爆发力俯卧撑–单臂支撑		自身体重	3~4	每侧6	2~3分钟	P74
栏架–单脚跳–旋转–双接触–异侧90度		自身体重	3~4	每侧6	1~2分钟	P134
栏架–单脚跳–旋转–双接触–同侧90度		自身体重	3~4	每侧6	1~2分钟	P136
药球–分腿姿–旋转过顶砸球		3~4千克药球	3~4	每侧6	1~2分钟	P60
药球–单腿军步–侧向扔球–异侧		3~4千克药球	3~4	每侧6	1~2分钟	P194
瑞士球–仰卧–抛球		3~4千克药球	3~4	8	1~2分钟	P208
高抬腿跑		最快频率	3~4	15秒	2~3分钟	P96

3.2.6 壁球基础爆发力训练计划示例

动作名称	动作图片	负荷	组数	次数/时间	间歇时间	页码
哑铃-站姿-双臂强力推举		合适重量	2~3	6	2~3分钟	P232
蹲跳		自身体重	2~3	6	2~3分钟	P61
栏架-交换跳-横向-有摆臂		自身体重	2~3	每侧6	1~2分钟	P140
栏架-交换跳-旋转-双接触-90度		自身体重	2~3	每侧6	1~2分钟	P146
药球-直立姿-过顶扔球		2~3千克药球	2~3	6	1~2分钟	P184
药球-直立姿-平行扔球		2~3千克药球	2~3	每侧6	1~2分钟	P180
药球-仰卧起坐-过顶抛接球		2~3千克药球	2~3	8	1~2分钟	P202
登山者		自身体重	2~3	20秒	2~3分钟	P154

3.2.7 壁球进阶爆发力训练计划示例

动作名称	动作图片	负荷	组数	次数/时间	间歇时间	页码
弹力带–阻力跳箱		合适阻力	3~4	6	3~4分钟	P148
壶铃–高抓–单臂		合适重量	3~4	每侧6	2~3分钟	P228
栏架–交换跳–旋转–有摆臂–90度		自身体重	3~4	每侧6	1~2分钟	P144
栏架–单脚跳–旋转–双接触–同侧90度		自身体重	3~4	每侧6	1~2分钟	P136
药球–直立姿–旋转过顶砸球		3~4千克药球	3~4	每侧6	1~2分钟	P182
药球–分腿姿–旋转扔球		3~4千克药球	3~4	每侧6	1~2分钟	P176
瑞士球–仰卧–抛球		2~3千克药球	3~4	8	1~2分钟	P208
高抬腿跑		最快频率	3~4	30秒	2~3分钟	P96

3.2.8 冰球基础爆发力训练计划示例

动作名称	动作图片	负荷	组数	次数/时间	间歇时间	页码
杠铃悬垂高翻		合适重量	2~3	4	3~4分钟	P158
壶铃-高抓-单臂		合适重量	2~3	每侧6	2~3分钟	P228
栏架-交换跳-横向-有摆臂		自身体重	2~3	每侧6	1~2分钟	P140
栏架-交换跳-旋转-有摆臂-90度		自身体重	2~3	每侧6	1~2分钟	P144
药球-分腿姿-旋转过顶砸球		2~3千克药球	2~3	每侧6	1~2分钟	P60
药球-直立姿-平行扔球		2~3千克药球	2~3	每侧6	1~2分钟	P180
药球-仰卧起坐-过顶抛接球		2~3千克药球	2~3	8	1~2分钟	P202
登山者		自身体重	2~3	20秒	2~3分钟	P154

爆发力训练概述
爆发力训练动作
爆发力训练计划

3.2.9 冰球进阶爆发力训练计划示例

动作名称	动作图片	负荷	组数	次数/时间	间歇时间	页码
杠铃高翻		合适重量	3~4	4	3~4分钟	P160
增强式–俯卧撑		自身体重	3~4	6	2~3分钟	P64
栏架–交换跳–横向–无摆臂		自身体重	3~4	每侧6	1~2分钟	P138
栏架–交换跳–旋转–无摆臂–90度		自身体重	3~4	每侧6	1~2分钟	P142
药球–分腿姿–旋转扔球		3~4千克药球	3~4	每侧6	1~2分钟	P176
药球–双侧交替弓步跳		3~4千克药球	3~4	每侧6	1~2分钟	P188
药球–V字侧向抛接球		3~4千克药球	3~4	每侧6	1~2分钟	P204
高抬腿跑		最快频率	3~4	30秒	2~3分钟	P96

3.2.10 冲浪基础爆发力训练计划示例

动作名称	动作图片	负荷	组数	次数/时间	间歇时间	页码
KEISER–半蹲姿–推举		合适重量	2~3	6	2~3分钟	P164
屈膝跳		自身体重	2~3	6	2~3分钟	P92
弓步蹲跳		自身体重	2~3	每侧6	2~3分钟	P104
栏架–交换跳–旋转–双接触–90度		自身体重	2~3	每侧6	1~2分钟	P146
栏架–交换跳–旋转–有摆臂–90度		自身体重	2~3	每侧6	1~2分钟	P144
药球–直立姿–旋转过顶砸球		2~3千克药球	2~3	每侧6	1~2分钟	P182
药球–仰卧起坐–过顶抛接球		2千克药球	2~3	6	1~2分钟	P202
登山者		自身体重	2~3	30秒	2~3分钟	P154

3.2.11 冲浪进阶爆发力训练计划示例

动作名称	动作图片	负荷	组数	次数/时间	间歇时间	页码
KEISER–坐姿–腿部推蹬–双腿		合适重量	3~4	4	3~4分钟	P126
KEISER–半蹲姿–展体	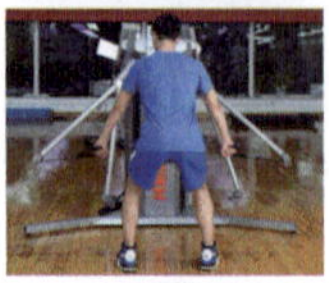	合适重量	3~4	6	2~3分钟	P162
缓冲蹲跳		自身体重	3~4	6	2~3分钟	P118
栏架–单脚跳–旋转–无摆臂–异侧 90度		自身体重	3~4	每侧6	2~3分钟	P128
栏架–交换跳–旋转–无摆臂–90度		自身体重	3~4	每侧6	2~3分钟	P142
药球–分腿姿–旋转过顶砸球		2~3千克药球	3~4	每侧6	1~2分钟	P60
药球–V字侧向抛接球		2~3千克药球	3~4	每侧6	1~2分钟	P204
高抬腿跑		最快频率	3~4	30秒	2~3分钟	P96

3.2.12 单板滑雪基础爆发力训练计划示例

动作名称	动作图片	负荷	组数	次数/时间	间歇时间	页码
KEISER–半蹲姿–推举		合适重量	2~3	6	2~3分钟	P164
屈膝跳		自身体重	2~3	6	2~3分钟	P92
弓步蹲跳		自身体重	2~3	每侧6	2~3分钟	P104
栏架–交换跳–旋转–双接触–90度		自身体重	2~3	每侧6	1~2分钟	P146
栏架–交换跳–旋转–有摆臂–90度		自身体重	2~3	每侧6	1~2分钟	P144
药球–直立姿–过顶砸球		2~3千克药球	2~3	6	1~2分钟	P59
药球–仰卧起坐–过顶抛接球		2千克药球	2~3	6	1~2分钟	P202
登山者		自身体重	2~3	30秒	2~3分钟	P154

3.2.13 单板滑雪进阶爆发力训练计划示例

动作名称	动作图片	负荷	组数	次数/时间	间歇时间	页码
杠铃–蹲跳		合适重量	3~4	4	3~4分钟	P120
KEISER–半蹲姿–展体	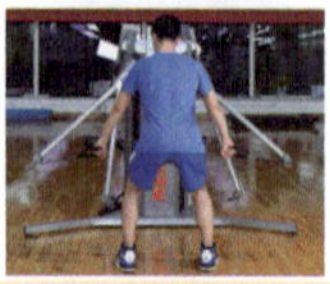	合适重量	3~4	6	2~3分钟	P162
缓冲蹲跳		自身体重	3~4	6	2~3分钟	P118
栏架–单脚跳–旋转–无摆臂–同侧90度		自身体重	3~4	每侧6	1~2分钟	P130
栏架–交换跳–横向–无摆臂		自身体重	3~4	每侧6	1~2分钟	P138
药球–单腿军步–旋转扔球		2~3千克药球	3~4	每侧6	1~2分钟	P200
药球–V字侧向抛接球		2~3千克药球	3~4	每侧6	1~2分钟	P204
高抬腿跑		最快频率	3~4	30秒	2~3分钟	P96

3.2.14 短跑基础爆发力训练计划示例

动作名称	动作图片	负荷	组数	次数/时间	间歇时间	页码
哑铃-站姿-双臂强力推举		合适重量	2~3	6	2~3分钟	P232
跳上跳箱		自身体重	2~3	6	2~3分钟	P150
KEISER-坐姿-腿部交替推蹬		合适重量	2~3	每侧6	2~3分钟	P124
纵跳-收腿		自身体重	2~3	6	2~3分钟	P84
壶铃-爆发力俯卧撑-单臂支撑		自身体重	2~3	每侧6	2~3分钟	P74
弓步蹲提膝		自身体重	2~3	每侧6	2~3分钟	P102
登山者		自身体重	2~3	每侧10	2~3分钟	P154
高抬腿触地		自身体重	2~3	15秒	2~3分钟	P94

3.2.15 短跑进阶爆发力训练计划示例

动作名称	动作图片	负荷	组数	次数/时间	间歇时间	页码
跳箱-跳深练习		自身体重	3~4	4	3~4分钟	P152
杠铃高翻		合适重量	3~4	4	3~4分钟	P160
杠铃-蹲跳		合适重量	3~4	4	2~3分钟	P120
弹力带-阻力跳箱		合适阻力	3~4	4	2~3分钟	P148
弓步蹲跳		自身体重	3~4	每侧6	2~3分钟	P104
KEISER-后蹬腿		合适重量	3~4	每侧6	2~3分钟	P122
药球-仰卧起坐-过顶抛接球		2~3千克药球	3~4	8	1~2分钟	P202
高抬腿跑		最快频率	3~4	15秒	2~3分钟	P96

3.2.16 橄榄球基础爆发力训练计划示例

动作名称	动作图片	负荷	组数	次数/时间	间歇时间	页码
杠铃悬垂高翻		合适重量	2~3	4	3~4分钟	P158
跳上跳箱		自身体重	2~3	4	2~3分钟	P150
KEISER-坐姿-腿部交替推蹬		合适重量	2~3	每侧6	2~3分钟	P124
弓步蹲跳		自身体重	2~3	每侧6	2~3分钟	P104
壶铃-爆发力俯卧撑-单臂支撑		自身体重	2~3	每侧6	2~3分钟	P74
药球-直立姿-过顶砸球		3~4千克	2~3	6	2~3分钟	P59
登山者		自身体重	2~3	每侧10	2~3分钟	P154
高抬腿触地		自身体重	2~3	15秒	2~3分钟	P94

3.2.17 橄榄球进阶爆发力训练计划示例

动作名称	动作图片	负荷	组数	次数/时间	间歇时间	页码
杠铃高翻		合适重量	3~4	4	3~4分钟	P160
杠铃-蹲跳		合适重量	3~4	4	3~4分钟	P120
杠铃推举		合适重量	3~4	4	3~4分钟	P66
弹力带-阻力跳箱		合适重量	3~4	4	3~4分钟	P148
壶铃-高拉-单臂		合适重量	3~4	每侧6	2~3分钟	P214
KEISER-后蹬腿		合适重量	3~4	每侧6	2~3分钟	P122
药球-仰卧起坐-过顶抛接球		3~4千克药球	3~4	8	2~3分钟	P202
高抬腿跑		最快频率	3~4	15秒	2~3分钟	P96

3.2.18 高尔夫基础爆发力训练计划示例

动作名称	动作图片	负荷	组数	次数/时间	间歇时间	页码
壶铃–俄罗斯甩摆		合适重量	2~3	6	2~3分钟	P212
药球–直立姿–侧向下砍		2~3千克药球	2~3	每侧6	1~2分钟	P186
药球–直立姿–平行扔球		2~3千克药球	2~3	每侧6	1~2分钟	P180
药球–直立姿–过顶砸球		2~3千克药球	2~3	6	1~2分钟	P59
药球–直立姿–旋转过顶砸球		2~3千克药球	2~3	每侧6	1~2分钟	P182
药球–分腿姿–旋转扔球		2~3千克药球	2~3	每侧6	1~2分钟	P176
跪姿–爆发式俯卧撑		自身体重	2~3	6	1~2分钟	P62
药球–仰卧起坐–过顶抛接球		2~3千克药球	2~3	8	1~2分钟	P202

3.2.19 高尔夫进阶爆发力训练计划示例

动作名称	动作图片	负荷	组数	次数/时间	间歇时间	页码
壶铃–高抓–单臂		适合重量	3~4	每侧6	2~3分钟	P228
KEISER–坐姿–腿部推蹬–双腿		适合重量	3~4	6	2~3分钟	P126
药球–分腿姿–旋转过顶砸球		3~4千克药球	3~4	每侧6	1~2分钟	P60
药球–分腿姿–旋转扔球		3~4千克药球	3~4	每侧6	1~2分钟	P176
药球–单腿军步–侧向扔球–同侧		3~4千克药球	3~4	每侧6	1~2分钟	P192
药球–单腿军步–侧向扔球–异侧		3~4千克药球	3~4	每侧6	1~2分钟	P194
药球–单球快速交替俯卧撑		自身体重	3~4	每侧6	1~2分钟	P68
药球–V字侧向抛接球		3~4千克药球	3~4	每侧6	2~3分钟	P204

3.2.20 花样滑冰基础爆发力训练计划示例

动作名称	动作图片	负荷	组数	次数/时间	间歇时间	页码
KEISER–半蹲姿–推举		合适重量	2~3	6	2~3分钟	P164
跳上跳箱		自身体重	2~3	6	2~3分钟	P150
药球–单球快速交替俯卧撑		自身体重	2~3	每侧6	1~2分钟	P68
踮脚–蹲跳		自身体重	2~3	6	1~2分钟	P76
栏架–交换跳–旋转–双接触–90度		自身体重	2~3	每侧6	1~2分钟	P146
药球–直立姿–旋转过顶砸球		2~3千克药球	2~3	每侧6	1~2分钟	P182
药球–仰卧起坐–过顶抛接球		2千克药球	2~3	6	1~2分钟	P202
高抬腿跑		最快频率	2~3	20秒	2~3分钟	P96

3.2.21 花样滑冰进阶爆发力训练计划示例

动作名称	动作图片	负荷	组数	次数/时间	间歇时间	页码
跳箱–跳深练习		自身体重	3~4	4	3~4分钟	P152
KEISER–半蹲姿–展体	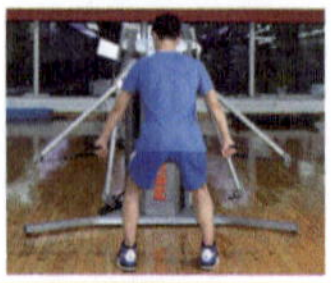	合适重量	3~4	6	2~3分钟	P162
纵跳–收腿		自身体重	3~4	6	2~3分钟	P84
栏架–交换跳–旋转–有摆臂–90度		自身体重	3~4	每侧6	1~2分钟	P144
栏架–单脚跳–旋转–无摆臂–异侧 90度		自身体重	3~4	每侧6	1~2分钟	P128
药球–分腿姿–旋转过顶砸球		2~3千克药球	3~4	每侧6	1~2分钟	P60
药球–V字侧向抛接球		2~3千克药球	3~4	每侧6	1~2分钟	P204
高抬腿跳绳		最快频率	3~4	30秒	2~3分钟	P98

3.2.22 滑板基础爆发力训练计划示例

动作名称	动作图片	负荷	组数	次数/时间	间歇时间	页码
KEISER–半蹲姿–展体		合适重量	2~3	6	2~3分钟	P162
屈膝跳		自身体重	2~3	6	2~3分钟	P92
壶铃–俄罗斯甩摆		合适重量	2~3	6	2~3分钟	P212
纵跳–收腿		自身体重	2~3	6	1~2分钟	P84
栏架–交换跳–旋转–有摆臂–90度		自身体重	2~3	每侧6	1~2分钟	P144
栏架–交换跳–横向–有摆臂		自身体重	2~3	每侧6	1~2分钟	P140
药球–分腿姿–旋转扔球		2~3千克药球	2~3	每侧6	1~2分钟	P176
药球–仰卧起坐–过顶抛接球		2千克药球	2~3	6	1~2分钟	P202

3.2.23 滑板进阶爆发力训练计划示例

动作名称	动作图片	负荷	组数	次数/时间	间歇时间	页码
杠铃-蹲跳		合适重量	3~4	4	3~4分钟	P120
哑铃-站姿-双臂强力推举		合适重量	3~4	6	2~3分钟	P232
缓冲蹲跳		自身体重	3~4	6	2~3分钟	P118
栏架-单脚跳-旋转-有摆臂-异侧90度		自身体重	3~4	每侧6	1~2分钟	P132
栏架-交换跳-旋转-无摆臂-90度		自身体重	3~4	每侧6	1~2分钟	P142
药球-单腿军步-旋转扔球		2~3千克药球	3~4	每侧6	1~2分钟	P200
药球-V字侧向抛接球		2~3千克药球	3~4	每侧6	1~2分钟	P204
瑞士球-仰卧-抛球		2~3千克药球	3~4	6	1~2分钟	P208

3.2.24 滑雪基础爆发力训练计划示例

动作名称	动作图片	负荷	组数	次数/时间	间歇时间	页码
壶铃–高拉–单臂		合适重量	2~3	每侧6	2~3分钟	P214
屈膝跳		自身体重	2~3	6	2~3分钟	P92
壶铃–爆发力俯卧撑–单臂支撑		自身体重	2~3	每侧6	2~3分钟	P74
侧向–跳跃		自身体重	2~3	每侧6	1~2分钟	P80
栏架–交换跳–横向–有摆臂		自身体重	2~3	每侧6	1~2分钟	P140
药球–基本姿–胸前抛球		2~3千克药球	2~3	6	1~2分钟	P178
药球–仰卧起坐–过顶抛接球		2~3千克药球	2~3	6	1~2分钟	P202
登山者		自身体重	2~3	30秒	2~3分钟	P154

3.2.25 滑雪进阶爆发力训练计划示例

动作名称	动作图片	负荷	组数	次数/时间	间歇时间	页码
KEISER–后蹬腿		合适重量	3~4	每侧6	3~4分钟	P122
哑铃–站姿–双臂强力推举		合适重量	3~4	6	2~3分钟	P232
缓冲蹲跳		自身体重	3~4	6	2~3分钟	P118
增强式–俯卧撑		自身体重	3~4	6	2~3分钟	P64
栏架–交换跳–旋转–无摆臂–90度		自身体重	3~4	每侧6	1~2分钟	P142
药球–单腿军步–旋转扔球		3~4千克药球	3~4	每侧6	1~2分钟	P200
药球–V字侧向抛接球		3~4千克药球	3~4	每侧6	1~2分钟	P204
高抬腿跑		最快频率	3~4	30秒	2~3分钟	P96

3.2.26 击剑基础爆发力训练计划示例

动作名称	动作图片	负荷	组数	次数/时间	间歇时间	页码
哑铃-站姿-双臂强力推举		合适重量	2~3	6	2~3分钟	P232
弓步蹲跳		自身体重	2~3	每侧6	2~3分钟	P104
KEISER-坐姿-腿部交替推蹬		合适重量	2~3	每侧6	2~3分钟	P124
药球-单球快速交替俯卧撑		自身体重	2~3	每侧6	1~2分钟	P68
药球-分腿姿-胸前抛球		2~3千克药球	2~3	每侧6	1~2分钟	P174
药球-分腿姿-旋转扔球		2~3千克药球	2~3	每侧6	1~2分钟	P176
药球-仰卧起坐-过顶抛接球		2~3千克药球	2~3	8	1~2分钟	P202
登山者		自身体重	2~3	20秒	2~3分钟	P154

3.2.27 击剑进阶爆发力训练计划示例

动作名称	动作图片	负荷	组数	次数/时间	间歇时间	页码
杠铃抓举		合适重量	3~4	4	3~4分钟	P156
增强式–俯卧撑		自身体重	3~4	6	2~3分钟	P64
立定跳远		自身体重	3~4	6	2~3分钟	P110
弓步蹲提膝		自身体重	3~4	每侧6	2~3分钟	P102
药球–仰卧–胸前推接球		3~4千克药球	3~4	6	1~2分钟	P72
药球–分腿姿–侧向扔球–同侧		3~4千克药球	3~4	每侧6	1~2分钟	P170
药球–V字侧向抛接球		3~4千克药球	3~4	每侧6	1~2分钟	P204
高抬腿跑		最快频率	3~4	20秒	2~3分钟	P96

3.2.28 桨板冲浪基础爆发力训练计划示例

动作名称	动作图片	负荷	组数	次数/时间	间歇时间	页码
哑铃－站姿－双臂强力推举		合适重量	2~3	6	2~3分钟	P232
屈膝跳		自身体重	2~3	6	2~3分钟	P92
壶铃－高拉－单臂		合适重量	2~3	每侧6	2~3分钟	P214
增强式－俯卧撑		自身体重	2~3	6	2~3分钟	P64
栏架－交换跳－旋转－有摆臂－90度		自身体重	2~3	每侧6	1~2分钟	P144
药球－直立姿－旋转过顶砸球		2~3千克药球	2~3	每侧6	1~2分钟	P182
药球－仰卧起坐－过顶抛接球		2千克药球	2~3	6	1~2分钟	P202
登山者		自身体重	2~3	30秒	2~3分钟	P154

3.2.29 桨板冲浪进阶爆发力训练计划示例

动作名称	动作图片	负荷	组数	次数/时间	间歇时间	页码
KEISER–半蹲姿–展体		合适重量	3~4	6	3~4分钟	P162
壶铃–高抓–单臂		合适重量	3~4	每侧6	2~3分钟	P228
缓冲蹲跳		自身体重	3~4	6	2~3分钟	P118
栏架–单脚跳–旋转–无摆臂–异侧 90度		自身体重	3~4	每侧6	1~2分钟	P128
栏架–交换跳–旋转–无摆臂–90度		自身体重	3~4	每侧6	1~2分钟	P142
药球–分腿姿–旋转过顶砸球		2~3千克药球	3~4	每侧6	1~2分钟	P60
瑞士球–仰卧–抛球		2~3千克药球	3~4	8	1~2分钟	P208
高抬腿跑		最快频率	3~4	30秒	2~3分钟	P96

3.2.30 空手道基础爆发力训练计划示例

动作名称	动作图片	负荷	组数	次数/时间	间歇时间	页码
哑铃-站姿-双臂强力推举		合适重量	2~3	6	2~3分钟	P232
壶铃-俄罗斯甩摆		合适重量	2~3	6	2~3分钟	P212
弓步蹲跳		自身体重	2~3	每侧6	2~3分钟	P104
增强式-俯卧撑		自身体重	2~3	6	2~3分钟	P64
栏架-单脚跳-旋转-有摆臂-异侧90度		自身体重	2~3	每侧6	1~2分钟	P132
药球-跪姿-胸前抛球		2~3千克药球	2~3	6	1~2分钟	P70
药球-仰卧起坐-过顶抛接球		2~3千克药球	2~3	8	1~2分钟	P202
登山者		自身体重	2~3	20秒	2~3分钟	P154

3.2.31 空手道进阶爆发力训练计划示例

动作名称	动作图片	负荷	组数	次数/时间	间歇时间	页码
杠铃抓举		合适重量	3~4	4	3~4分钟	P156
跳上跳箱		自身体重	3~4	6	2~3分钟	P150
壶铃-爆发式-单臂推举		合适重量	3~4	每侧6	2~3分钟	P230
栏架-交换跳-横向-有摆臂		自身体重	3~4	每侧6	1~2分钟	P140
药球-站姿-单臂过顶砸球		3~4千克药球	3~4	每侧6	1~2分钟	P206
药球-分腿姿-胸前抛球		3~4千克药球	3~4	每侧6	1~2分钟	P174
药球-V字侧向抛接球		3~4千克药球	3~4	每侧6	1~2分钟	P204
高抬腿跑		最快频率	3~4	20秒	2~3分钟	P96

3.2.32 篮球基础爆发力训练计划示例

动作名称	动作图片	负荷	组数	次数/时间	间歇时间	页码
哑铃–双臂抓举		合适重量	3~4	6	2~3分钟	P234
跳上跳箱		自身体重	3~4	6	2~3分钟	P150
栏架–交换跳–横向–有摆臂		自身体重	3~4	每侧6	1~2分钟	P140
药球–分腿姿–胸前抛球		2~3千克药球	3~4	每侧6	1~2分钟	P174
药球–单腿军步–过顶扔球		2~3千克药球	3~4	每侧6	1~2分钟	P196
药球–直立姿–侧向下砍		2~3千克药球	3~4	每侧6	1~2分钟	P186
药球–仰卧起坐–过顶抛接球		2~3千克药球	3~4	8	1~2分钟	P202
登山者		自身体重	3~4	20秒	1~2分钟	P154

3.2.33 篮球进阶爆发力训练计划示例

动作名称	动作图片	负荷	组数	次数/时间	间歇时间	页码
杠铃高翻		合适重量	3~4	4	3~4分钟	P160
杠铃-蹲跳		合适重量	3~4	4	3~4分钟	P120
弹力带-阻力跳箱		合适重量	3~4	4	2~3分钟	P148
KEISER-半蹲姿-展体	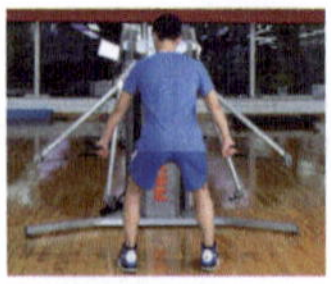	合适重量	3~4	6	2~3分钟	P162
增强式-俯卧撑		自身体重	3~4	6	2~3分钟	P64
药球-直立姿-过顶砸球		3~4千克药球	3~4	6	1~2分钟	P59
药球-V字侧向抛接球		2~3千克药球	3~4	每侧6	1~2分钟	P204
高抬腿跑		最快频率	3~4	20秒	1~2分钟	P96

3.2.34 垒球基础爆发力训练计划示例

动作名称	动作图片	负荷	组数	次数/时间	间歇时间	页码
壶铃-俄罗斯甩摆		合适重量	2~3	6	2~3分钟	P212
缓冲蹲跳		自身体重	2~3	6	2~3分钟	P118
栏架-交换跳-横向-有摆臂		自身体重	2~3	每侧6	1~2分钟	P140
栏架-单脚跳-旋转-有摆臂-异侧90度		自身体重	2~3	每侧6	1~2分钟	P132
药球-直立姿-侧向下砍		2~3千克药球	2~3	每侧6	1~2分钟	P186
药球-分腿姿-旋转扔球		2~3千克药球	2~3	每侧6	1~2分钟	P176
药球-仰卧起坐-过顶抛接球		2~3千克药球	2~3	8	1~2分钟	P202
登山者		自身体重	2~3	15秒	2~3分钟	P154

3.2.35 垒球进阶爆发力训练计划示例

动作名称	动作图片	负荷	组数	次数/时间	间歇时间	页码
杠铃悬垂高翻		合适重量	3~4	4	3~4分钟	P158
哑铃–站姿–双臂强力推举		合适重量	3~4	6	2~3分钟	P232
栏架–交换跳–横向–有摆臂		自身体重	3~4	每侧6	1~2分钟	P140
栏架–交换跳–旋转–有摆臂–90度		自身体重	3~4	每侧6	1~2分钟	P144
药球–分腿姿–旋转过顶砸球		3~4千克药球	3~4	每侧6	1~2分钟	P60
药球–单腿军步–侧向扔球–同侧		3~4千克药球	3~4	每侧6	1~2分钟	P192
瑞士球–仰卧–抛球		2~3千克药球	3~4	8	1~2分钟	P208
高抬腿跑		最快频率	3~4	15秒	2~3分钟	P96

3.2.36 排球基础爆发力训练计划示例

动作名称	动作图片	负荷	组数	次数/时间	间歇时间	页码
哑铃-站姿-双臂强力推举		合适重量	2~3	6	2~3分钟	P232
跳上跳箱		自身体重	2~3	6	2~3分钟	P150
屈膝跳		自身体重	2~3	6	1~2分钟	P92
栏架-交换跳-横向-有摆臂		自身体重	2~3	每侧6	1~2分钟	P140
药球-直立姿-侧向下砍		2~3千克药球	2~3	每侧6	1~2分钟	P186
药球-直立姿-过顶砸球		2~3千克药球	2~3	6	1~2分钟	P59
药球-仰卧起坐-过顶抛接球		2~3千克药球	2~3	8	1~2分钟	P202
登山者		自身体重	2~3	每侧12	2~3分钟	P154

3.2.37 排球进阶爆发力训练计划示例

动作名称	动作图片	负荷	组数	次数/时间	间歇时间	页码
杠铃抓举		合适重量	3~4	4	3~4分钟	P156
杠铃-蹲跳		适合重量	3~4	4	3~4分钟	P120
弹力带-阻力跳箱		合适重量	3~4	6	2~3分钟	P148
KEISER-半蹲姿-推举		合适重量	3~4	6	2~3分钟	P164
增强式-俯卧撑		自身体重	3~4	6	2~3分钟	P64
药球-分腿姿-旋转过顶砸球		3~4千克药球	3~4	每侧6	1~2分钟	P60
药球-V字侧向抛接球		2~3千克药球	3~4	每侧6	1~2分钟	P204
高抬腿跑		最快频率	3~4	15秒	2~3分钟	P96

3.2.38 攀岩基础爆发力训练计划示例

动作名称	动作图片	负荷	组数	次数/时间	间歇时间	页码
哑铃-站姿-双臂强力推举		合适重量	2~3	6	2~3分钟	P232
侧向-蹬腿跳		自身体重	2~3	每侧6	2~3分钟	P78
药球-单球快速交替俯卧撑		自身体重	2~3	每侧6	2~3分钟	P68
跳上跳箱		自身体重	2~3	6	2~3分钟	P150
药球-直立姿-过顶砸球		2~3千克药球	2~3	6	1~2分钟	P59
药球-直立姿-旋转过顶砸球		2~3千克药球	2~3	每侧6	1~2分钟	P182
药球-分腿姿-旋转扔球		2~3千克药球	2~3	每侧6	1~2分钟	P176
药球-仰卧起坐-过顶抛接球		2千克药球	2~3	8	1~2分钟	P202

3.2.39 攀岩进阶爆发力训练计划示例

动作名称	动作图片	负荷	组数	次数/时间	间歇时间	页码
KEISER–半蹲姿–展体	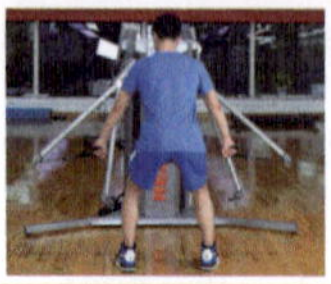	合适重量	3~4	6	2~3分钟	P162
纵跳–收腿		自身体重	3~4	6	2~3分钟	P84
壶铃–高拉–单臂		合适重量	3~4	每侧6	2~3分钟	P214
弓步蹲跳		自身体重	3~4	每侧6	2~3分钟	P104
药球–单腿军步–过顶扔球		2~3千克药球	3~4	每侧6	1~2分钟	P196
药球–分腿姿–旋转过顶砸球		2~3千克药球	3~4	每侧6	1~2分钟	P60
瑞士球–仰卧–抛球		2~3千克药球	3~4	8	1~2分钟	P208
药球–V字侧向抛接球		2~3千克药球	3~4	每侧6	1~2分钟	P204

3.2.40 皮划艇基础爆发力训练计划示例

动作名称	动作图片	负荷	组数	次数/时间	间歇时间	页码
杠铃悬垂高翻		合适重量	3~4	4	3~4分钟	P158
跳上跳箱		自身体重	3~4	6	2~3分钟	P150
KEISER–坐姿–腿部交替推蹬		合适重量	3~4	每侧6	2~3分钟	P124
深蹲跳		自身体重	3~4	6	2~3分钟	P112
壶铃–高拉–单臂		合适重量	3~4	每侧6	2~3分钟	P214
药球–分腿姿–侧向扔球–异侧		3~4千克药球	3~4	每侧6	1~2分钟	P168
登山者		自身体重	3~4	每侧10	2~3分钟	P154
高抬腿跑		最快频率	3~4	30秒	2~3分钟	P96

3.2.41 皮划艇进阶爆发力训练计划示例

动作名称	动作图片	负荷	组数	次数/时间	间歇时间	页码
杠铃高翻		合适重量	3~4	4	3~4分钟	P160
杠铃-蹲跳		合适重量	3~4	4	3~4分钟	P120
杠铃推举		合适重量	3~4	6	2~3分钟	P66
壶铃-高抓-单臂		合适重量	3~4	每侧6	2~3分钟	P228
弓步蹲跳		自身体重	3~4	每侧6	2~3分钟	P104
药球-V字侧向抛接球		3~4千克药球	3~4	每侧6	1~2分钟	P204
瑞士球-仰卧-抛球		3~4千克药球	3~4	10	1~2分钟	P208
高抬腿跳绳		最快频率	3~4	30秒	2~3分钟	P98

3.2.42 乒乓球基础爆发力训练计划示例

动作名称	动作图片	负荷	组数	次数/时间	间歇时间	页码
哑铃–站姿–双臂强力推举		合适重量	2~3	6	2~3分钟	P232
立定跳远		合适重量	2~3	6	2~3分钟	P110
栏架–交换跳–横向–有摆臂		自身体重	2~3	每侧6	1~2分钟	P140
栏架–单脚跳–旋转–有摆臂–异侧90度		自身体重	2~3	每侧6	1~2分钟	P132
药球–直立姿–过顶砸球		3~4千克药球	2~3	6	1~2分钟	P59
药球–分腿姿–旋转扔球		3~4千克药球	2~3	每侧6	1~2分钟	P176
药球–V字侧向抛接球		2~3千克药球	2~3	每侧6	1~2分钟	P204
垂直–登山		自身体重	2~3	20秒	2~3分钟	P90

3.2.43 乒乓球进阶爆发力训练计划示例

动作名称	动作图片	负荷	组数	次数/时间	间歇时间	页码
壶铃-俄罗斯甩摆		合适重量	3~4	6	2~3分钟	P212
纵跳-收腿		自身体重	3~4	6	2~3分钟	P84
栏架-交换跳-横向-无摆臂		自身体重	3~4	每侧6	1~2分钟	P138
栏架-单脚跳-旋转-双接触-异侧90度		自身体重	3~4	每侧6	1~2分钟	P134
药球-分腿姿-旋转过顶砸球		3~4千克药球	3~4	每侧6	1~2分钟	P60
药球-单腿军步-旋转扔球		3~4千克药球	3~4	每侧6	1~2分钟	P200
瑞士球-仰卧-抛球		2~3千克药球	3~4	8	1~2分钟	P208
高抬腿跑		最快频率	3~4	20秒	2~3分钟	P96

3.2.44 曲棍球基础爆发力训练计划示例

动作名称	动作图片	负荷	组数	次数/时间	间歇时间	页码
哑铃-双臂抓举		合适重量	2~3	6	2~3分钟	P234
壶铃-俄罗斯甩摆		合适重量	2~3	6	2~3分钟	P212
栏架-交换跳-横向-有摆臂		自身体重	2~3	每侧6	1~2分钟	P140
栏架-单脚跳-旋转-有摆臂-异侧90度		自身体重	2~3	每侧6	1~2分钟	P132
药球-直立姿-侧向下砍		2~3千克药球	2~3	每侧6	1~2分钟	P186
药球-分腿姿-侧向扔球-异侧		2~3千克药球	2~3	每侧6	1~2分钟	P168
药球-仰卧起坐-过顶抛接球		2~3千克药球	2~3	8	1~2分钟	P202
登山者		自身体重	2~3	20秒	2~3分钟	P154

3.2.45 曲棍球进阶爆发力训练计划示例

动作名称	动作图片	负荷	组数	次数/时间	间歇时间	页码
杠铃悬垂高翻		合适重量	3~4	4	3~4分钟	P158
壶铃–爆发力俯卧撑–单臂支撑		自身体重	3~4	每侧6	2~3分钟	P74
栏架–交换跳–旋转–无摆臂–90度		自身体重	3~4	每侧6	1~2分钟	P142
栏架–单脚跳–旋转–双接触–同侧90度		自身体重	3~4	每侧6	1~2分钟	P136
药球–分腿姿–旋转过顶砸球		3~4千克药球	3~4	每侧6	1~2分钟	P60
药球–单腿军步–侧向扔球–同侧		3~4千克药球	3~4	每侧6	1~2分钟	P192
药球–V字侧向抛接球		3~4千克药球	3~4	每侧6	1~2分钟	P204
高抬腿跑		最快频率	3~4	30秒	2~3分钟	P96

3.2.46 拳击基础爆发力训练计划示例

动作名称	动作图片	负荷	组数	次数/时间	间歇时间	页码
哑铃–站姿–双臂强力推举		合适重量	2~3	6	2~3分钟	P232
壶铃–俄罗斯甩摆		合适重量	2~3	6	2~3分钟	P212
弓步蹲跳		自身体重	2~3	每侧6	2~3分钟	P104
壶铃–爆发力俯卧撑–单臂支撑		自身体重	2~3	每侧6	2~3分钟	P74
药球–单腿军步–侧向扔球–同侧		2~3千克药球	2~3	每侧6	1~2分钟	P192
药球–直立姿–过顶砸球		2~3千克药球	2~3	6	1~2分钟	P59
药球–仰卧起坐–过顶抛接球		2~3千克药球	2~3	8	1~2分钟	P202
登山者		自身体重	2~3	20秒	2~3分钟	P154

3.2.47 拳击进阶爆发力训练计划示例

动作名称	动作图片	负荷	组数	次数/时间	间歇时间	页码
杠铃抓举		合适重量	3~4	4	3~4分钟	P156
KEISER–半蹲姿–推举		合适重量	3~4	6	2~3分钟	P164
跳箱–跳深练习		自身体重	3~4	6	2~3分钟	P152
壶铃–爆发式–单臂推举		合适重量	3~4	每侧6	2~3分钟	P230
侧向–蹬腿跳		自身体重	3~4	每侧6	2~3分钟	P78
药球–分腿姿–旋转过顶砸球		3~4千克药球	3~4	每侧6	1~2分钟	P60
药球–V字侧向抛接球		3~4千克药球	3~4	每侧6	1~2分钟	P204
高抬腿跑		最快频率	3~4	30秒	2~3分钟	P96

3.2.48 柔道基础爆发力训练计划示例

动作名称	动作图片	负荷	组数	次数/时间	间歇时间	页码
杠铃悬垂高翻		合适重量	2~3	4	3~4分钟	P158
壶铃-高抓-单臂		合适重量	2~3	每侧6	2~3分钟	P228
弓步跳接开脚跳		自身体重	2~3	每侧6	2~3分钟	P116
壶铃-爆发力俯卧撑-单臂支撑		自身体重	2~3	每侧6	2~3分钟	P74
药球-单腿军步-过顶扔球		2~3千克药球	2~3	每侧6	1~2分钟	P196
药球-直立姿-过顶砸球		2~3千克药球	2~3	6	1~2分钟	P59
药球-仰卧起坐-过顶抛接球		2~3千克药球	2~3	8	1~2分钟	P202
登山者		自身体重	2~3	30秒	2~3分钟	P154

3.2.49 柔道进阶爆发力训练计划示例

动作名称	动作图片	负荷	组数	次数/时间	间歇时间	页码
杠铃抓举		合适重量	3~4	4	3~4分钟	P156
KEISER–半蹲姿–展体	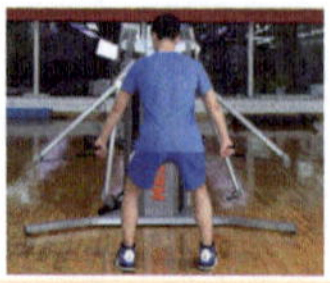	合适重量	3~4	6	2~3分钟	P162
弹力带–阻力跳箱		合适阻力	3~4	6	2~3分钟	P148
杠铃推举		合适重量	3~4	6	3~4分钟	P66
壶铃–俄罗斯甩摆		合适重量	3~4	6	2~3分钟	P212
药球–分腿姿–旋转过顶砸球		3~4千克药球	3~4	每侧6	1~2分钟	P60
瑞士球–仰卧–抛球		3~4千克药球	3~4	8	1~2分钟	P208
高抬腿跑		最快频率	3~4	30秒	2~3分钟	P96

3.2.50 赛艇基础爆发力训练计划示例

动作名称	动作图片	负荷	组数	次数/时间	间歇时间	页码
杠铃悬垂高翻		合适重量	3~4	4	3~4分钟	P158
跳上跳箱		自身体重	3~4	6	2~3分钟	P150
KEISER–坐姿–腿部推蹬–双腿		合适重量	3~4	6	2~3分钟	P126
深蹲跳		自身体重	3~4	6	2~3分钟	P112
壶铃–高拉–单臂		合适重量	3~4	每侧6	2~3分钟	P214
药球–直立姿–过顶砸球		3~4千克药球	3~4	6	1~2分钟	P59
登山者		自身体重	3~4	每侧10	1~2分钟	P154
高抬腿跑		最快频率	3~4	30秒	2~3分钟	P96

3.2.51 赛艇进阶爆发力训练计划示例

动作名称	动作图片	负荷	组数	次数/时间	间歇时间	页码
杠铃高翻		合适重量	3~4	4	3~4分钟	P160
杠铃-蹲跳		合适重量	3~4	4	3~4分钟	P120
杠铃推举		合适重量	3~4	4	3~4分钟	P66
弹力带-阻力跳箱		合适重量	3~4	4	2~3分钟	P148
壶铃-高抓-单臂		合适重量	3~4	每侧6	2~3分钟	P228
纵跳-收腿		自身体重	3~4	6	2~3分钟	P84
药球-仰卧起坐-过顶抛接球		3~4千克药球	3~4	10	1~2分钟	P202
高抬腿跳绳		最快频率	3~4	30秒	2~3分钟	P98

3.2.52 山地自行车基础爆发力训练计划示例

动作名称	动作图片	负荷	组数	次数/时间	间歇时间	页码
杠铃推举		合适重量	2~3	4	3~4分钟	P66
跳上跳箱		自身体重	2~3	6	2~3分钟	P150
KEISER–坐姿–腿部交替推蹬		合适重量	2~3	每侧6	2~3分钟	P124
药球–单球快速交替俯卧撑		自身体重	2~3	每侧6	2~3分钟	P68
弓步蹲跳		自身体重	2~3	每侧6	1~2分钟	P104
药球–基本姿–胸前抛球		2~3千克药球	2~3	6	1~2分钟	P178
药球–仰卧起坐–过顶抛接球		2~3千克药球	2~3	8	1~2分钟	P202
高抬腿跑		最快频率	2~3	30秒	2~3分钟	P96

3.2.53 山地自行车进阶爆发力训练计划示例

动作名称	动作图片	负荷	组数	次数/时间	间歇时间	页码
杠铃抓举		合适重量	3~4	4	3~4分钟	P156
杠铃-蹲跳		合适重量	3~4	4	3~4分钟	P120
壶铃-爆发式-单臂推举		合适重量	3~4	每侧6	2~3分钟	P230
弓步跳接开脚跳		自身体重	3~4	每侧6	2~3分钟	P116
壶铃-爆发力俯卧撑-单臂支撑		自身体重	3~4	每侧6	2~3分钟	P74
药球-分腿姿-胸前抛球		3~4千克药球	3~4	每侧6	1~2分钟	P174
药球-V字侧向抛接球		3~4千克药球	3~4	每侧6	1~2分钟	P204
高抬腿跳绳		最快频率	3~4	30秒	2~3分钟	P98

3.2.54 手球基础爆发力训练计划示例

动作名称	动作图片	负荷	组数	次数/时间	间歇时间	页码
杠铃悬垂高翻		合适重量	2~3	4	3~4分钟	P158
跳上跳箱		自身体重	2~3	6	2~3分钟	P150
KEISER-半蹲姿-推举		合适重量	2~3	6	1~2分钟	P164
栏架-交换跳-旋转-有摆臂-90度		自身体重	2~3	每侧6	1~2分钟	P144
药球-直立姿-侧向下砍		2~3千克药球	2~3	每侧6	1~2分钟	P186
药球-直立姿-过顶砸球		2~3千克药球	2~3	6	1~2分钟	P59
药球-仰卧起坐-过顶抛接球		2~3千克药球	2~3	8	1~2分钟	P202
登山者		自身体重	2~3	30秒	2~3分钟	P154

3.2.55 手球进阶爆发力训练计划示例

动作名称	动作图片	负荷	组数	次数/时间	间歇时间	页码
杠铃高翻		合适重量	3~4	4	3~4分钟	P160
杠铃-蹲跳		合适重量	3~4	4	3~4分钟	P120
弹力带-阻力跳箱		合适重量	3~4	6	2~3分钟	P148
KEISER-半蹲姿-展体		合适重量	3~4	6	2~3分钟	P162
杠铃推举		合适重量	3~4	6	3~4分钟	P66
药球-分腿姿-旋转扔球		3~4千克药球	3~4	每侧6	1~2分钟	P176
药球-V字侧向抛接球		2~3千克药球	3~4	每侧6	1~2分钟	P204
高抬腿跑		最快频率	3~4	30秒	1~2分钟	P96

3.2.56 摔跤基础爆发力训练计划示例

动作名称	动作图片	负荷	组数	次数/时间	间歇时间	页码
杠铃悬垂高翻		合适重量	2~3	4	3~4分钟	P158
壶铃-高抓-单臂		合适重量	2~3	每侧6	2~3分钟	P228
纵跳-收腿		自身体重	2~3	6	2~3分钟	P84
增强式-俯卧撑		自身体重	2~3	6	2~3分钟	P64
药球-跪姿-胸前抛球		2~3千克药球	2~3	6	1~2分钟	P70
药球-直立姿-过顶砸球		2~3千克药球	2~3	6	1~2分钟	P59
药球-仰卧起坐-过顶抛接球		2~3千克药球	2~3	8	1~2分钟	P202
登山者		自身体重	2~3	30秒	2~3分钟	P154

3.2.57 摔跤进阶爆发力训练计划示例

动作名称	动作图片	负荷	组数	次数/时间	间歇时间	页码
杠铃高翻		合适重量	3~4	4	3~4分钟	P160
哑铃-双臂抓举		合适重量	3~4	6	2~3分钟	P234
KEISER-后蹬腿		合适重量	3~4	每侧6	2~3分钟	P122
杠铃推举		合适重量	3~4	6	2~3分钟	P66
壶铃-俄罗斯甩摆		合适重量	3~4	6	2~3分钟	P212
药球-分腿姿-旋转过顶砸球		3~4千克药球	3~4	每侧6	1~2分钟	P60
药球-V字侧向抛接球		3~4千克药球	3~4	每侧6	1~2分钟	P204
高抬腿跑		最快频率	3~4	30秒	2~3分钟	P96

3.2.58 跆拳道基础爆发力训练计划示例

动作名称	动作图片	负荷	组数	次数/时间	间歇时间	页码
哑铃-站姿-双臂强力推举		合适重量	2~3	6	2~3分钟	P232
深蹲跳		自身体重	2~3	6	2~3分钟	P112
壶铃-俄罗斯甩摆		合适重量	2~3	6	2~3分钟	P212
弓步蹲跳		自身体重	2~3	每侧6	1~2分钟	P104
栏架-单脚跳-旋转-有摆臂-异侧90度		自身体重	2~3	每侧6	1~2分钟	P132
药球-单腿军步-侧向扔球-同侧		2~3千克药球	2~3	每侧6	1~2分钟	P192
药球-仰卧起坐-过顶抛接球		2~3千克药球	2~3	8	1~2分钟	P202
登山者		自身体重	2~3	20秒	2~3分钟	P154

3.2.59 跆拳道进阶爆发力训练计划示例

动作名称	动作图片	负荷	组数	次数/时间	间歇时间	页码
杠铃抓举		合适重量	3~4	4	3~4分钟	P156
跳箱-跳深练习		自身体重	3~4	4	2~3分钟	P152
侧向-蹬腿跳		自身体重	3~4	每侧6	2~3分钟	P78
栏架-单脚跳-旋转-双接触-同侧90度		自身体重	3~4	每侧6	1~2分钟	P136
栏架-交换跳-横向-有摆臂		自身体重	3~4	每侧6	1~2分钟	P140
药球-分腿姿-旋转过顶砸球		3~4千克药球	3~4	每侧6	1~2分钟	P60
药球-V字侧向抛接球		3~4千克药球	3~4	每侧6	1~2分钟	P204
高抬腿跑		最快频率	3~4	30秒	2~3分钟	P96

3.2.60 体操基础爆发力训练计划示例

动作名称	动作图片	负荷	组数	次数/时间	间歇时间	页码
哑铃–站姿–双臂强力推举		适合重量	2~3	6	2~3分钟	P232
跳上跳箱		自身体重	2~3	6	2~3分钟	P150
药球–单球快速交替俯卧撑		自身体重	2~3	每侧6	1~2分钟	P68
立定跳远		自身体重	2~3	6	1~2分钟	P110
药球–直立姿–过顶砸球		2~3千克药球	2~3	6	1~2分钟	P59
药球–直立姿–旋转过顶砸球		2~3千克药球	2~3	每侧6	1~2分钟	P182
药球–直立姿–平行扔球		2~3千克药球	2~3	每侧6	1~2分钟	P180
药球–仰卧起坐–过顶抛接球		2千克药球	2~3	6	1~2分钟	P202

3.2.61 体操进阶爆发力训练计划示例

动作名称	动作图片	负荷	组数	次数/时间	间歇时间	页码
跳箱–跳深练习		自身体重	3~4	4	3~4分钟	P152
杠铃推举		合适重量	3~4	4	3~4分钟	P66
弓步蹲跳		自身体重	3~4	每侧6	2~3分钟	P104
KEISER–半蹲姿–展体	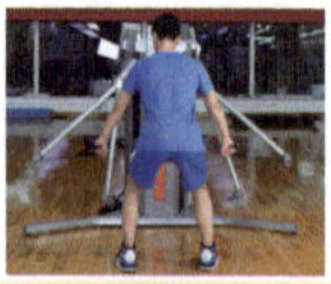	合适重量	3~4	6	2~3分钟	P162
壶铃–俄罗斯甩摆		合适重量	3~4	6	2~3分钟	P212
药球–分腿姿–旋转过顶砸球		2~3千克药球	3~4	每侧6	1~2分钟	P60
瑞士球–仰卧–抛球		2~3千克药球	3~4	6	1~2分钟	P208
药球–V字侧向抛接球		2~3千克药球	3~4	每侧6	1~2分钟	P204

3.2.62 跳水基础爆发力训练计划示例

动作名称	动作图片	负荷	组数	次数/时间	间歇时间	页码
哑铃–站姿–双臂强力推举		合适重量	2~3	4	2~3分钟	P232
跳上跳箱		自身体重	2~3	4	2~3分钟	P150
药球–直立姿–侧向下砍		2~3千克药球	2~3	每侧6	1~2分钟	P186
药球–直立姿–平行扔球		2~3千克药球	2~3	每侧6	1~2分钟	P180
药球–直立姿–过顶砸球		2~3千克药球	2~3	6	1~2分钟	P59
药球–直立姿–旋转过顶砸球		2~3千克药球	2~3	每侧6	1~2分钟	P182
药球–分腿姿–旋转扔球		2~3千克药球	2~3	每侧6	1~2分钟	P176
药球–仰卧起坐–过顶抛接球		2千克药球	2~3	6	1~2分钟	P202

3.2.63 跳水进阶爆发力训练计划示例

动作名称	动作图片	负荷	组数	次数/时间	间歇时间	页码
跳箱–跳深练习		自身体重	3~4	4	3~4分钟	P152
弓步蹲跳		自身体重	3~4	每侧4	3~4分钟	P104
KEISER–半蹲姿–推举		合适重量	3~4	4	2~3分钟	P164
壶铃–俄罗斯甩摆		合适重量	3~4	6	2~3分钟	P212
药球–分腿姿–旋转过顶砸球		2~3千克药球	3~4	每侧6	1~2分钟	P60
药球–单腿军步–旋转扔球		2~3千克药球	3~4	每侧6	1~2分钟	P200
瑞士球–仰卧–抛球		2~3千克药球	3~4	6	1~2分钟	P208
药球–V字侧向抛接球		2~3千克药球	3~4	每侧6	1~2分钟	P204

3.2.64 网球基础爆发力训练计划示例

动作名称	动作图片	负荷	组数	次数/时间	间歇时间	页码
哑铃–站姿–双臂强力推举		合适重量	2~3	6	2~3分钟	P232
KEISER–半蹲姿–展体		合适重量	2~3	6	2~3分钟	P162
栏架–交换跳–旋转–有摆臂–90度		自身体重	2~3	每侧6	1~2分钟	P144
栏架–交换跳–旋转–双接触–90度		自身体重	2~3	每侧6	1~2分钟	P146
药球–直立姿–过顶扔球		2~3千克药球	2~3	6	1~2分钟	P184
药球–直立姿–平行扔球		2~3千克药球	2~3	每侧6	1~2分钟	P180
药球–仰卧起坐–过顶抛接球		2~3千克药球	2~3	8	1~2分钟	P202
登山者		自身体重	2~3	20秒	2~3分钟	P154

3.2.65 网球进阶爆发力训练计划示例

动作名称	动作图片	负荷	组数	次数/时间	间歇时间	页码
壶铃–高抓–单臂		合适重量	3~4	每侧6	2~3分钟	P228
弓步跳接开脚跳		自身体重	3~4	每侧6	2~3分钟	P116
栏架–单脚跳–旋转–双接触–异侧90度		自身体重	3~4	每侧6	1~2分钟	P134
栏架–单脚跳–旋转–双接触–同侧90度		自身体重	3~4	每侧6	1~2分钟	P136
药球–分腿姿–旋转过顶砸球		3~4千克药球	3~4	每侧6	1~2分钟	P60
药球–分腿姿–旋转扔球		3~4千克药球	3~4	每侧6	1~2分钟	P176
瑞士球–仰卧–抛球		2~3千克药球	3~4	8	1~2分钟	P208
高抬腿跑		最快频率	3~4	30秒	2~3分钟	P96

3.2.66 游泳基础爆发力训练计划示例

动作名称	动作图片	负荷	组数	次数/时间	间歇时间	页码
哑铃–站姿–双臂强力推举		合适重量	2~3	6	2~3分钟	P232
立定跳远		自身体重	2~3	6	2~3分钟	P110
KEISER–坐姿–腿部推蹬–双腿		合适重量	2~3	6	2~3分钟	P126
药球–单球快速交替俯卧撑		自身体重	2~3	每侧6	2~3分钟	P68
药球–跪姿–胸前抛球		2~3千克药球	2~3	6	1~2分钟	P70
药球–直立姿–过顶砸球		2~3千克药球	2~3	6	1~2分钟	P59
药球–仰卧起坐–过顶抛接球		2~3千克药球	2~3	8	1~2分钟	P202
登山者		自身体重	2~3	30秒	2~3分钟	P154

3.2.67 游泳进阶爆发力训练计划示例

动作名称	动作图片	负荷	组数	次数/时间	间歇时间	页码
壶铃–俄罗斯甩摆		合适重量	3~4	6	2~3分钟	P212
增强式–俯卧撑		自身体重	3~4	6	2~3分钟	P64
纵跳–收腿		自身体重	3~4	6	2~3分钟	P84
药球–仰卧–胸前推接球		3~4千克药球	3~4	6	1~2分钟	P72
药球–站姿–单臂过顶砸球		3~4千克药球	3~4	每侧6	1~2分钟	P206
药球–V字侧向抛接球		3~4千克药球	3~4	每侧6	1~2分钟	P204
瑞士球–仰卧–抛球		2~3千克药球	3~4	8	1~2分钟	P208
高抬腿跑		最快频率	3~4	30秒	2~3分钟	P96

3.2.68 羽毛球基础爆发力训练计划示例

动作名称	动作图片	负荷	组数	次数/时间	间歇时间	页码
KEISER–半蹲姿–展体		合适重量	2~3	6	2~3分钟	P162
弓步蹲跳		自身体重	2~3	每侧6	2~3分钟	P104
栏架–单脚跳–旋转–有摆臂–同侧90度		自身体重	2~3	每侧6	1~2分钟	P132
栏架–单脚跳–旋转–有摆臂–异侧90度		自身体重	2~3	每侧6	1~2分钟	P134
药球–分腿姿–过顶扔球		3~4千克药球	2~3	每侧6	1~2分钟	P172
药球–分腿姿–旋转扔球		3~4千克药球	2~3	每侧6	1~2分钟	P176
药球–V字侧向抛接球		2~3千克药球	2~3	每侧6	1~2分钟	P204
垂直–登山		自身体重	2~3	30秒	2~3分钟	P90

3.2.69 羽毛球进阶爆发力训练计划示例

动作名称	动作图片	负荷	组数	次数/时间	间歇时间	页码
KEISER–半蹲姿–推举		合适重量	3~4	6	3~4分钟	P164
侧向–蹬腿跳		自身体重	3~4	每侧6	2~3分钟	P78
栏架–单脚跳–旋转–无摆臂–异侧 90度		自身体重	3~4	每侧6	1~2分钟	P128
栏架–单脚跳–旋转–无摆臂–同侧90度		自身体重	3~4	每侧6	1~2分钟	P130
药球–单腿军步–过顶扔球		2~3千克药球	3~4	每侧6	1~2分钟	P196
药球–单腿军步–旋转扔球		3~4千克药球	3~4	每侧6	1~2分钟	P200
瑞士球–仰卧–抛球		2~3千克药球	3~4	8	1~2分钟	P208
高抬腿跑		最快频率	3~4	30秒	2~3分钟	P96

3.2.70 越野滑雪基础爆发力训练计划示例

动作名称	动作图片	负荷	组数	次数/时间	间歇时间	页码
壶铃–高拉–单臂		合适重量	2~3	每侧10	2~3分钟	P214
屈膝跳		自身体重	2~3	10	2~3分钟	P92
壶铃–爆发力俯卧撑–单臂支撑		自身体重	2~3	每侧10	2~3分钟	P74
侧向–跳跃		自身体重	2~3	每侧10	2~3分钟	P80
药球–基本姿–胸前抛球		2~3千克药球	2~3	10	1~2分钟	P178
药球–分腿姿–旋转扔球		2~3千克药球	2~3	每侧10	1~2分钟	P176
药球–仰卧起坐–过顶抛接球		2千克药球	2~3	15	1~2分钟	P202
登山者		自身体重	2~3	60秒	2~3分钟	P154

3.2.71 越野滑雪进阶爆发力训练计划示例

动作名称	动作图片	负荷	组数	次数/时间	间歇时间	页码
KEISER–后蹬腿		合适重量	3~4	每侧10	3~4分钟	P122
哑铃–站姿–双臂强力推举		合适重量	3~4	10	2~3分钟	P232
缓冲蹲跳		自身体重	3~4	10	2~3分钟	P118
增强式–俯卧撑		自身体重	3~4	10	2~3分钟	P64
药球–单腿军步–旋转扔球		3~4千克药球	3~4	每侧10	1~2分钟	P200
药球–V字侧向抛接球		3~4千克药球	3~4	每侧10	1~2分钟	P204
瑞士球–仰卧–抛球		3~4千克药球	3~4	15	1~2分钟	P208
高抬腿跑		最快频率	3~4	60秒	2~3分钟	P96

3.2.72 自行车基础爆发力训练计划示例

动作名称	动作图片	负荷	组数	次数/时间	间歇时间	页码
跳上跳箱		自身体重	2~3	6	2~3分钟	P150
壶铃–高翻–单臂		合适重量	2~3	每侧6	2~3分钟	P216
KEISER–坐姿–腿部交替推蹬		合适重量	2~3	每侧6	2~3分钟	P124
药球–单球快速交替俯卧撑		自身体重	2~3	每侧6	1~2分钟	P68
弓步蹲跳		自身体重	2~3	每侧6	1~2分钟	P104
药球–分腿姿–胸前抛球		2~3千克药球	2~3	每侧6	1~2分钟	P174
药球–仰卧起坐–过顶抛接球		2~3千克药球	2~3	8	1~2分钟	P202
高抬腿跑		最快频率	2~3	30秒	2~3分钟	P96

3.2.73 自行车进阶爆发力训练计划示例

动作名称	动作图片	负荷	组数	次数/时间	间歇时间	页码
杠铃抓举		合适重量	3~4	4	3~4分钟	P156
杠铃–蹲跳		合适重量	3~4	4	3~4分钟	P120
弓步蹲提膝		自身体重	3~4	每侧6	2~3分钟	P102
KEISER–半蹲姿–推举		合适重量	3~4	6	2~3分钟	P164
壶铃–爆发力俯卧撑–单臂支撑		自身体重	3~4	每侧6	2~3分钟	P74
药球–分腿姿–侧向扔球–同侧		3~4千克药球	3~4	每侧6	1~2分钟	P170
药球–V字侧向抛接球		3~4千克药球	3~4	每侧6	1~2分钟	P204
高抬腿跳绳		最快频率	3~4	30秒	2~3分钟	P98

3.2.74 足球基础爆发力训练计划示例

动作名称	动作图片	负荷	组数	次数/时间	间歇时间	页码
壶铃–俄罗斯甩摆		合适重量	3~4	6	2~3分钟	P212
侧向–跳跃		自身体重	3~4	每侧6	2~3分钟	P80
交替–前踢跳		自身体重	3~4	每侧6	2~3分钟	P106
栏架–单脚跳–旋转–有摆臂–异侧90度		自身体重	3~4	每侧6	1~2分钟	P132
药球–分腿姿–过顶扔球		3~4千克药球	3~4	每侧6	1~2分钟	P172
药球–单球快速交替俯卧撑		自身体重	3~4	每侧6	1~2分钟	P68
药球–仰卧起坐–过顶抛接球		2~3千克药球	3~4	6	1~2分钟	P202
登山者		自身体重	3~4	30秒	2~3分钟	P154

3.2.75 足球进阶爆发力训练计划示例

动作名称	动作图片	负荷	组数	次数/时间	间歇时间	页码
壶铃-高抓-单臂		合适重量	3~4	每侧4	2~3分钟	P228
壶铃-高拉-单臂		合适重量	3~4	每侧6	2~3分钟	P214
侧向-蹬腿跳		自身体重	3~4	每侧6	2~3分钟	P78
弓步蹲提膝		自身体重	3~4	每侧6	2~3分钟	P102
增强式-俯卧撑		自身体重	3~4	6	2~3分钟	P64
药球-分腿姿-旋转过顶砸球		3~4千克药球	3~4	每侧6	1~2分钟	P60
药球-V字侧向抛接球		2~3千克药球	3~4	每侧6	1~2分钟	P204
高抬腿跳绳		最快频率	3~4	30秒	2~3分钟	P98

3.3 营养摄入时间表

爆发力训练与力量训练一样，训练者都需要有科学的饮食安排，以获取足够的营养来保证获得最好的训练效果。这些营养对肌肉的表现有针对性的影响，比如氨基葡萄糖有益于运动时保护关节（爆发力训练尤其需要关节具有良好的功能，以保持稳定性和灵活性），而支链氨基酸可以防止训练过程中蛋白质的分解（减少肌肉分解，肌肉的主要成分是蛋白质），并促进肌肉生长合成，使身体变得更加强壮。

营养摄入的**内容与时间**与爆发力训练的状态和效果有密切关系，是训练者需要注意的问题。下面给出具有参考性的表格。

爆发力训练营养摄入时间表

补充时间	补充的饮食类型	运动影响
训练前1~3小时	足量蛋白质与碳水化合物	提供能量
训练前30分钟左右	适量富含氨基酸与碳水化合物的饮料	提供能量
训练过程中	碳水化合物饮料，需含有支链氨基酸，且碳水化合物与蛋白质的比例为3：1或4：1	促进蛋白质合成
训练结束后的1~45分钟	碳水化合物饮料，需含有支链氨基酸，且碳水化合物与蛋白质的比例为3：1或4：1	促进肌肉生长
训练结束后的46~120分钟	含较多蛋白质、碳水化合物、脂肪的天然食品	促进肌肉生长
两次训练课之间	日常科学饮食计划	保持机体健康水平

需要注意的是，**运动补剂**是对天然食品的**有益补充**，可以帮助训练者维持和提升运动表现，但**不能替代**天然食品。个人在制订训练饮食计划时，最好咨询一下运动营养专家，以制订适合自己的训练饮食计划。

3.4 爆发力训练的注意事项

在爆发力训练中，我们只有对训练的量及安全事项进行全面了解，才能保证训练的科学性与安全性，具体如下。

3.4.1 负荷

在爆发力训练中使用**不同的负荷**进行相应练习，对发展人体主动肌、拮抗肌和协同肌的效果是不同的。**传统的爆发力训练**一般采用小负荷（最大负荷的 75% 以下）或中等负荷（最大负荷的 75%~85%），并以较快的速度来进行。这种训练方式可以通过肌肉的快速收缩有效地提升爆发力。但是当爆发力发展到一定水平时，则会由于最大力量的不足，**阻碍**爆发力的进一步**提升**。所以在爆发力训练中，只采用中小负荷的快速力量训练有一定**局限性**；而采用大负荷（也就是最大负荷的 86%~95%）进行力量训练，虽然在训练时动作缓慢，但是这种训练不仅可以发展肌肉的最大力量，还能够增加中枢神经系统向目标肌肉发放神经冲动的频率，进而激活更多的肌肉细胞（肌小节）参与活动，所以可以进一步提升爆发力。

传统爆发力训练 —— 较快速度，中小负荷

进一步提升爆发力 —— 较慢速度，大负荷

发展目标肌群的爆发力时，针对**专项技术**的训练可以使用**小负荷、快速练习**来进行，**中等至大负荷**更适合作为**一般性**的爆发力训练，而**接近比赛项目**的负荷量练习，应在比赛前期或专项比赛训练中使用。针对目标肌肉的一个训练动作一般重复 3~6 组，每组 1~4 次或 5~10 次；而一次针对爆发力的专项训练，其时间控制在 **40 分钟以内**是比较合理的。

所以在训练时，不能**单独使用**某一种负荷量进行极端化的训练，而是要根据目标项目的特点和运动员的实际情况，建立起大、中、小**不同负荷搭配**的训练方式，进行多角度、有针对性的训练，从而有效地保持和发展运动员的爆发力水平。

3.4.2 训练频率

训练频率一般指周训次数，即一周内训练几次。科学的训练频率对爆发力的提升有很大影响。爆发力的训练一般控制在每周 2~3 次，不要超过 3 次。

需要注意的是，在专项运动员的训练中，爆发力训练只是其中的一个组成部分，需要结合比赛与训练实际需要来安排训练频率。

3.4.3 加强专项技术训练

不同的专项运动有其独特的目标肌群、动作特点。因此训练也要针对不同的专项运动的特点来进行，采用符合专项运动的技术训练，使训练动作尽可能和专项动作保持一致，最大化地发挥训练效果，从而提高运动成绩。这就是训练的“专项性原则”。爆发力训练也应遵守专项性原则，所选的动作应与运动员的专项动作保持一致或相似，从而为专项技能的提升服务。

3.4.4 爆发力训练中的间歇时间

爆发力训练中应始终保持比较高的神经冲动频率（中枢神经系统向目标肌肉发放神经冲动的频率），这对中枢神经系统的协调性的要求相当高。为了避免因疲劳所导致的动作准确性和速度下降而出现的风险，组间歇时间最好控制在 2~5 分钟。

3.4.5 安全注意事项

爆发力训练相较于其他训练形式速度较快、强度较大，一些动作的难度也比较高，为了保障训练的安全，我们要注意以下几方面。

A 热身要充分

充分的热身能使体温快速升高，肌肉增加弹性，关节提升润滑度，有助于提升运动表现，减少运动损伤。

B 动作要正确

正确的动作是指符合生物力学的动作，这样的动作可减少对身体关节、肌肉的冲击，减少动作代偿，否则容易造成运动损伤。比如跳箱动作落地时，要求不能全蹲，双膝不能外翻等。如果训练者对自己动作的准确性不是很有把握，训练时最好有教练在一旁进行监督指导。

C 场地平整，空间足够

场地平整可减少训练隐患，空间足够才能保证动作充分施展，并防止对其他人造成伤害。比如跳箱练习需要足够的高度；壶铃有甩摆动作，如果不慎脱手、空间又不够的话，就容易砸到墙壁或他人；药球的砸地动作、投掷动作，也都需要足够的空间。

D 着装合理

选择合适的鞋子，比如进行壶铃运动时最好穿硬底鞋，进行跳箱运动时最好穿减震防滑的鞋子。有些动作可能会用到保护性的用品，比如刚接触壶铃的训练者，最好佩戴腕带来保护手腕，防止壶铃打到手腕而造成伤害。

E 陪练

训练者进行技术性要求比较高的动作及负荷较大的动作时，最好有一名陪练。陪练可以及时帮助训练者发现动作的错误，并在大负荷训练时给予训练者必要的支持。

总体来说，爆发力训练需要从多方面做好安全防护，以使训练能够顺利进行下去。